T0278974

JUNG,
UN VIAJE HACIA SÍ MISMO

Frédéric Lenoir

JUNG,
UN VIAJE HACIA SÍ MISMO

«Un pensamiento visionario
que da sentido a nuestras vidas»

EDICIONES OBELISCO

Si este libro le ha interesado y desea que le mantengamos informado
de nuestras publicaciones, escríbanos indicándonos qué temas son de su interés
(Astrología, Autoayuda, Psicología, Artes Marciales, Naturismo,
Espiritualidad, Tradición…) y gustosamente le complaceremos.

Puede consultar nuestro catálogo en www.edicionesobelisco.com

Colección Psicología
JUNG, UN VIAJE HACIA SÍ MISMO
Frédéric Lenoir

1.ª edición: marzo de 2023

Título original: *Jung, un voyage vers soi*

Traducción: *Susana Cantero*
Corrección: *M.ª Jesús Rodríguez*
Diseño de cubierta: *Enrique Iborra*

© 2021, Éditions Albin Michel
(Reservados todos los derechos)
© 2023, Ediciones Obelisco, S.L.
(Reservados los derechos para la presente edición)

Edita: Ediciones Obelisco, S.L.
Collita, 23-25. Pol. Ind. Molí de la Bastida
08191 Rubí - Barcelona - España
Tel. 93 309 85 25
E-mail: info@edicionesobelisco.com

ISBN: 978-84-9111-977-7
DL B 3342-2023

Impreso en los talleres gráficos de Romanyà/Valls S.A.
Verdaguer, 1 - 08786 Capellades - Barcelona

Printed in Spain

INTRODUCCIÓN

CUANDO PUBLIQUÉ *El milagro Spinoza* (2017), ya sabía que mi siguiente biografía intelectual estaría dedicada a Carl Gustav Jung. Son éstos, en efecto, los dos pensadores modernos que más me han marcado y que me parecen haber llegado más lejos en la comprensión del ser humano y del sentido de su existencia. El primero es filósofo y vivió en el siglo XVII. El segundo es psicólogo y vivió a finales del siglo XIX y en el siglo XX. A pesar de haber tenido personalidades y vidas muy diferentes –Spinoza era un sabio que llevó una existencia sobria y casi ascética, mientras que Jung mordía la vida a dentelladas y distaba mucho de ser un dechado de virtud–, tienen varios puntos comunes fundamentales. Spinoza y Jung crecieron en medios muy religiosos (judío en el caso del primero, protestante en el del segundo) de los que se emanciparán con cierta brutalidad, pero ambos, después, procurarán redefinir un tipo de espiritualidad ajeno a cualquier creencia religiosa. Además, Spinoza y Jung extrajeron cada uno lo esencial de su pensamiento de la minuciosa observación que hicieron de sí mismos y de los demás. Aunque ambos hayan acuñado numerosos conceptos y producido sendas obras de gran profundidad, el conocimiento que tienen del alma humana es fruto de su experiencia, al igual que el pensamiento de cada uno de ellos tuvo un impacto decisivo en su vida. «De nada sirven las más hermosas verdades del mundo mientras su tenor no se ha convertido para cada uno en una experiencia interior original»,[1] precisa Jung. Finalmente, y sobre todo, comparten una pasión por la búsqueda de la verdad, sin ningún *a priori* ni concesión alguna al espíritu del tiempo, que en vida los abocó a la soledad y a la incompren-

---

1. *Problèmes de l'ame moderne,* Buchet-Chastel, 1961.

sión por parte de la mayoría de sus contemporáneos. «La soledad en absoluto nace de no estar rodeado de seres –escribe también Jung–, sino mucho más de no poder comunicarles las cosas que nos parecen importantes, o de estimar como válidos pensamientos que los demás tienen por improbables».[2] Habrán hecho falta más de tres siglos para que se reconozca el genio de Spinoza. Y mientras conmemoramos en 2021 los sesenta años de la desaparición de Jung, aún sigue siendo poco conocido para el gran público, sobre todo en Francia, cuando, precisamente, sus ideas impregnan vetas enteras de nuestra cultura.

Estoy, no obstante, convencido de que su visionaria obra constituye una de las mayores revoluciones del pensamiento humano y de que su importancia alcanza hasta mucho más allá del terruño en el que germinó: la psicología de las profundidades. A través de los grandes conceptos que elaboró –la sincronicidad, los complejos, el inconsciente colectivo, los arquetipos, los tipos psicológicos, el *anima* y el *animus*, la sombra, la *persona* y el proceso de individuación–, Jung aporta una mirada sobre el ser humano y su relación con el mundo que no solamente da un vuelco a los conocimientos psicológicos, sino que también concita a la filosofía, la antropología, la física, las ciencias de la educación, la teología y la historia de los mitos y las creencias. Algunas grandes mentes de entre sus contemporáneos no se engañaron sobre esto y mantuvieron fecundos intercambios de opiniones con él –como el premio Nobel de física Wolfgang Pauli–, y su obra inspiró también a numerosos artistas, como el escritor y premio Nobel de literatura Hermann Hesse o el pintor estadounidense Jackson Pollock.

Son comprensibles la importancia y el impacto de su pensamiento en el contexto de un mundo descalabrado, a la búsqueda de sentido y de nuevos referentes que ya no provinieran del exterior, sino del interior del individuo. Como subraya con toda pertinencia la historiadora de las religiones Ysé Tardan-Masquelier: «La personalidad de Jung exige que se lo sitúe en un contexto mucho más amplio, en una conciencia aguda del momento histórico que vivimos y que puede definirse como un tiempo privilegiado para la búsqueda del sentido. Época en la que ya nada cae por su propio peso, ni sistema filosófico, ni

---

2. *Recuerdos, sueños, pensamientos.* Editorial Seix Barral, Barcelona, 1966-1996.

dogma religioso; en la que nuestra existencia ya no se concibe según una certeza, sino según una pregunta: ¿quién soy yo para mí mismo? ¿Cuál es mi ser en el mundo?».[3] En un mundo que aún estaba muy institucionalizado, Jung consagra en efecto la experiencia personal como fundamento de todo recorrido existencial auténtico. Critica el formalismo y la intolerancia de las grandes religiones, sin por ello negar la dimensión religiosa del alma humana y su necesidad de sagrado. Se erige en científico que no cesa de recabar hechos, pero subraya también los límites de la razón y de la ciencia.

Jung es así, para mí, el primer pensador de la posmodernidad: no recusa los vectores fundamentales de la modernidad –la razón crítica, la globalización y el advenimiento del individuo–, pero sí muestra los límites de la razón, las ambigüedades de los progresos tecnológicos, el callejón sin salida del individualismo. Es a la vez un testigo y un pensador de la búsqueda de sentido contemporánea, que también inspiró en gran parte él mismo mediante sus escritos sobre las filosofías orientales, el esoterismo y las corrientes místicas, el nexo entre ciencia y espiritualidad, el lenguaje simbólico, el diálogo del consciente y del inconsciente, los fenómenos paranormales, la exploración de los confines entre la vida y la muerte, la conjunción de los contrarios o de las polaridades: sombra/luz; razón/ sentimiento; bien/mal; masculino/femenino; individuo/cosmos; espíritu/materia, etc.

Ello no obstante, si bien en vida Jung fue traducido a numerosas lenguas y distinguido por prestigiosas universidades que le otorgaron el título de doctor *honoris causa* (Oxford, Harvard, Yale, Benarés, Calcuta, Ginebra, etc.), no por ello es menos cierto que su pensamiento sigue enseñándose poco en la universidad. Yo veo varias razones para esto.

Amigo y colaborador cercano de Sigmund Freud de 1906 a 1912, Jung rompió con su prestigioso predecesor y, aun adhiriéndose a su filiación, se distinguió de él en cuestiones esenciales, redefiniendo en profundidad la libido y el inconsciente. Esto tuvo para el psiquiatra suizo dos consecuencias negativas. La primera fue que la revolución intelectual que operó llegó justo después de la, también importantísi-

---

3. Ysé Tardan-Masquelier, *Jung et la question du sacré*, Albin Michel, 1998, pág. 234.

ma, de Freud. Pero durante decenios la comunidad intelectual redujo el psicoanálisis únicamente a las teorías de este último. La segunda fue que los freudianos (y, en Francia, los lacanianos) jamás le perdonaron a Jung su ruptura brutal con Freud (quien lo había designado como su sucesor a la cabeza del movimiento psicoanalítico) y que, a partir de 1912, Jung fue puesto en el índice en los medios psicoanalíticos. Incontables son ya los libros o los artículos nacidos del movimiento freudiano que buscan desacreditar la seriedad del trabajo de Jung, desde Karl Abraham, que denuncia «el tinte religioso» y «el trasfondo místico»[4] del pensamiento junguiano, hasta Dominique Bourdin, quien afirma que Jung «abandonó deliberadamente el terreno de las ciencias humanas y del pensamiento racional».[5]

Lo que sí es cierto, y ésta es otra razón por la que Jung sigue siendo difícil de leer y de enseñar, es que su pensamiento es complejo y prolífico, y que no siempre se formula según un método racional lógico. Jung, que es psiquiatra y científico de formación, se fue percatando progresivamente, en efecto, de que una comprensión y un método puramente lógicos no podían dar cuenta de la complejidad de lo real, y de que una investigación o una presentación académica demasiado reduccionista podían empobrecer la reflexión. Por ese motivo, al lado de publicaciones científicas de psicopatología muy clásicas que le dieron su notoriedad como psiquiatra y le atrajeron la estima de Freud, publicó numerosos artículos y trabajos que siguen un pensamiento más circular y paradójico que lineal y demostrativo. En esto está muy cercano al pensamiento chino, cuyo descubrimiento en 1924 fue para él un impacto profundo e influyó en el resto de su obra. En la mayoría de sus libros, Jung utiliza numerosos materiales (el estudio de los sueños de sus pacientes, los mitos, los símbolos, ejemplos históricos, reflexiones filosóficas) y va pasando de uno a otro, lo cual puede tener un efecto desconcertante para el lector. Por ejemplo, en su obra *Psicología y religión,* cuando quiere demostrar la diferencia entre la religiosidad natural –que se expresa en el

---

4. Karl Abraham, «Critique de l'essai d'une présentation de la théorie psychanalytique de C. G. Jung», en *Psychanalyse et culture*, Payot, 1966, págs. 212-214.
5. Dominique Bourdin, *La Psychanalyse, de Freud à aujourd'hui*, Bréal, 2007, pág. 68.

psiquismo adoptando la forma de lo numinoso– y la religión cultural –que se despliega a través de todo un corpus dogmático para domesticar la religiosidad natural–, se dedica al análisis de dos sueños de un paciente. Lo cual le conduce a explicitar uno de los símbolos presentes en estos sueños (la cuaternidad) ¡mediante una revisión de la mitología griega reinterpretada por Platón y Empédocles, la Biblia hebrea, la gnosis antigua, la alquimia y la teología medievales, el yoga o la cosmogonía de los pieles rojas! Y solamente después de ese inmenso rodeo reanuda el hilo de su razonamiento inicial, evidentemente enriquecido por todas esas consideraciones empíricas y eruditas.

Asimismo, siempre se negó a crear un sistema (y ésta es su gran diferencia con Spinoza, pero también, en cierta manera, con Freud). Con modestia, explora numerosas pistas, acumula los datos empíricos, formula hipótesis, pero nunca cierra la interpretación. En una carta enviada en 1946 al Dr. Van der Hoop, escribe: «Tan sólo puedo esperar y anhelar que nadie sea "junguiano". No defiendo doctrina alguna, sino que describo hechos y propongo ciertas afirmaciones, que tengo por susceptibles de ser discutidas. No anuncio una enseñanza preconcebida y sistemática y me horrorizan los –seguidores ciegos–. Dejo a cada uno la libertad de lidiar con los hechos a su manera, porque reivindico igualmente esa libertad».

Pero, más en profundidad, y en esto se puede comprender el malestar de los freudianos y de otros filósofos, Jung emite una crítica radical de la confianza ciega que Freud tenía en la razón, tal como la comprendía la filosofía de las Luces.

A raíz de Kant y de Nietzsche, de los que es un ferviente lector, Jung es un gran deconstructor. «Una afirmación filosófica es el producto de una personalidad determinada que vive en un tiempo determinado y en un lugar determinado –afirma–. No resulta de un proceso puramente lógico e impersonal. En esta medida, la propuesta es, antes que nada, subjetiva. El hecho de que tenga un valor objetivo o no depende de la cantidad de personas que piensen de la misma manera […]. Este tipo de crítica no es muy del agrado de los filósofos, porque éstos suelen considerar el intelecto filosófico como el instrumento perfecto e imparcial de la filosofía. Empero, ese intelecto es una función que depende de la psique individual y que está determinada por todos lados por condiciones subjetivas, por no hablar de las influencias del entorno»[6].

Arremete también contra la visión cientificista, heredada del siglo xix y aún muy ampliamente difundida, de la que Freud es un representante perfecto, según la cual las teorías científicas comúnmente admitidas presentan una visión perfectamente objetiva y definitiva de lo real. En esto Jung está muy adelantado a su tiempo. La visión de la ciencia que tenemos hoy ha quedado, en efecto, desbaratada por los trabajos determinantes de los filósofos de las ciencias como Karl Popper, que mostró los límites del conocimiento científico, o Thomas Samuel Kuhn, que elaboró la noción de paradigma: descubrimientos científicos universalmente reconocidos que, durante un tiempo, proporcionan a la comunidad científica problemas tipo y soluciones, hasta que un nuevo paradigma venga a aportar un marco teórico nuevo y concepciones nuevas. Esto fue lo que vivió la física en el siglo xx con la revolución traída por Einstein, y más tarde con la de la mecánica cuántica, que derrocaron las teorías anteriores, admitidas universalmente hasta entonces. Jung ya lo había comprendido perfectamente: «Es una ilusión común el creer que lo que conocemos hoy representa todo lo que podremos conocer nunca. Nada hay más vulnerable que una teoría científica, porque no es sino una tentativa efímera de explicar hechos, y no una verdad eterna en sí misma».[7]

Es importante señalar que Jung distingue claramente los hechos de su interpretación. Es ante todo un empirista que se pasó la vida coleccionando hechos: para intentar comprender mejor la psique humana, no dejó de observarse a sí mismo y, en el transcurso de su larga carrera como psiquiatra, ¡atendió a decenas de miles de pacientes e interpretó más de ochenta mil sueños! En ese mismo tiempo, comparó ese material empírico con los mitos, las creencias y los símbolos de numerosas culturas del mundo, que estudió durante decenios. A partir de estos hechos, intentó elaborar interpretaciones y teorías, que a veces fueron evolucionando a lo largo de su vida. No nos pone en guardia contra la

---

6. «Comentario del Libro tibetano de la Gran Liberación», en *Psicología de la religión oriental*, Editorial Trotta, Madrid, 2020.

7. *El hombre y sus símbolos*, Caralt Editores, 1996-2002.

realidad de los hechos, sino contra su interpretación, que siempre seguirá siendo relativa porque es dependiente de nuestra psique: «No hay ningún punto de vista que se sitúe por encima o fuera de la psicología a partir del cual pudiéramos emitir un juicio definitivo sobre la naturaleza de la psique».[8]

Jung no sólo se granjeó enemistades por el lado de los freudianos o de los pensadores racionalistas, también sufrió violentos ataques por parte de los teólogos y las autoridades religiosas. Porque, no contento con señalar los límites de la razón, emitió también una crítica radical de la religión, en especial la cristiana, de la que subrayó la pérdida de interioridad y de fervor espiritual auténtico. «La civilización cristiana se ha revelado hueca en un grado aterrador: ya no es otra cosa que un barniz externo –escribe–. «El hombre interior se ha quedado aparte y, por consiguiente, permanece inalterado. El estado de su alma no se corresponde con la creencia que profesa. Exteriormente, está todo, en efecto, en imágenes y palabras, en la Iglesia y en la Biblia, pero todo eso falta en el interior».[9] Esta crítica de las religiones, con todo, es de naturaleza radicalmente diferente de la de Freud o la de los filósofos materialistas, que perciben cualquier forma de religiosidad o de creencia como una mera ilusión. Jung critica la actitud falsa de las religiones, pero no por ello es antirreligioso. Esa crítica del formalismo y de la excesiva exterioridad de lo religioso (que atrae sobre él los rayos de los teólogos) va acompañada en Jung de la convicción de que el alma posee de modo natural una función religiosa, y de que el rechazo de esa función es uno de los mayores dramas del hombre moderno europeo (como ya había subrayado Nietzsche a su manera). Ahora bien, Jung piensa que el europeo sin religión puede redescubrir en las profundidades de su psique ese acceso a lo sagrado, a lo «numinoso», de cuya carencia tanto se resiente.

Y vuelve a convertirse en el blanco de los filósofos materialistas, esta vez porque subraya la dimensión antropológica religiosa del ser humano. Atacado desde todas partes, porque su pensamiento revienta las concepciones y las controversias tradicionales, Jung no deja de re-

---

8. Íbid.
9. *Psicología y alquimia*. Editorial Plaza y Janés, Barcelona, 1977-1989.

cordar que él nunca ha sido otra cosa que un médico empirista y que no ha elaborado teoría alguna que no haya sido extraída de la tenacidad de los hechos. Responde así a Martin Buber, quien le cuelga la etiqueta peyorativa de «gnóstico paleocristiano» y le reprocha su visión negativa de las religiones: «Mi censor me permitirá que le haga notar que otros, sucesivamente, me han considerado no solamente ora como un gnóstico, ora como su opuesto, sino asimismo como deísta y como ateo, como místico y materialista. En este concierto de opiniones diversas, no quiero conceder demasiada importancia a lo que yo mismo pienso de mí: citaré más bien un juicio procedente de una fuente cuya objetividad manifiestamente no puede ponerse en duda: se trata de un editorial del *British Medical Journal* fechado el 9 de febrero de 1952: "Facts first and theories later is the keynote of Jung's work. He is an empiricist first and last". Apruebo enteramente esta opinión».[10]

Si bien siempre se negó a construir un sistema, no por ello dejó Jung de hacer descubrimientos fundamentales que enriquecen, incluso revolucionan, nuestra comprensión del ser humano, y cuya veracidad y consecuencias apenas estamos empezando a calibrar. Las iré exponiendo todo a lo largo de este trabajo, pero señalo ya brevemente que redefinió la noción freudiana de libido, comprendiéndola más como impulso vital que como pulsión sexual, y la de inconsciente, descubriendo sus propiedades creadoras y añadiendo al inconsciente personal la noción de inconsciente colectivo, que nos vincula a nuestros antepasados y a los símbolos de nuestra cultura.

Estudió los mitos y los símbolos universales y desarrolló la noción de arquetipo, como imagen primordial inscrita en el inconsciente humano. Elaboró la teoría de la sincronicidad, que muestra que dos acontecimientos pueden estar conectados entre sí no de manera causal, sí a través del sentido, lo cual postula que existe una dimensión de lo real que todavía se le escapa a nuestro conocimiento científico. Mostró que el diálogo del consciente y del inconsciente (en especial a

---

10. «Respuesta a Martin Buber», en *Psicología de la religión oriental, op. cit.* («Primero los hechos y después las teorías es la idea clave del trabajo de Jung. Antes que ninguna otra cosa es un empirista». *[N. de la T.]*)

través del análisis de nuestros sueños y de las sincronicidades de nuestras vidas, nuestra imaginación activa y la creación artística) favorece el acceso a un conocimiento de nosotros que nos permite «individuarnos», es decir, convertirnos plenamente en nosotros mismos y realizar lo que los hindúes llaman «el Sí-mismo», la totalidad del ser. El proceso de individuación permite desenmascarar la falsa imagen de nosotros mismos que deseamos dar a los demás (la persona), integrar nuestra parte masculina (animus para las mujeres) y nuestra parte femenina (anima para los hombres) y atravesar nuestra sombra —es decir, la parte oscura y reprimida de nosotros mismos— y reconciliar nuestras polaridades. Se trata, pues, de una experiencia interior, una alquimia del ser, que reviste un carácter eminentemente espiritual.

Jung no se conforma con describir ese proceso desde el interior: lo ha experimentado él mismo. «Mi vida es la historia de un inconsciente que ha completado su realización»,[11] escribe como preámbulo a su libro autobiográfico publicado justo después de su muerte. Y más adelante precisa: «Mis obras pueden considerarse como otras tantas estaciones de mi vida; son la expresión de mi desarrollo interior, porque el consagrarse a los contenidos del inconsciente forma al hombre y determina su evolución, su metamorfosis. Mi vida es mi acción; mi denodado trabajo dedicado a la mente[12] es mi vida; no podríamos separar a uno de la otra. Todos mis escritos son, por así decir, tareas que me

---

11. *Recuerdos, sueños, pensamientos, op. cit.*
12. En francés, *esprit*, palabra que, según el contexto, puede traducirse tanto por *mente* como por *espíritu*, y cuyo sentido no siempre resulta inequívoco ni fácil de ajustar, y menos en un pensamiento tan global como el de Jung. El autor, en comunicación personal, me explica: «Cuando Jung habla de *esprit*, se trata del *esprit* en el sentido spinozista del término (*mens* en latín o *noos* en griego), que remite más a la noción de —espiritual— (no necesariamente religioso) que de —mental—. Por un lado está la materia y por otro el *esprit*, y éste no es reductible a la materia (al cerebro). El hecho de poseer un *esprit* es lo que nos permite contemplar lo divino o conectarnos con ello. De modo que la palabra *mental* es demasiado limitativa, porque precisamente tenemos que poder abandonar el plano *mental* para conectarnos con lo divino». Hago esta aclaración para que el lector tenga presente este sentido amplio de «entendimiento» siempre que aparezcan la palabra *mente* o el adjetivo *mental* en la traducción, y no los reduzca a la mera capacidad intelectual del cerebro humano. *(N. de la T.)*

fueron impuestas desde el interior. Nacieron bajo la presión de un destino. Lo que escribí se me vino encima desde el interior de mí mismo. Le he prestado palabra al espíritu que me agitaba».[13]

Tras su ruptura con Freud, Jung atravesó un período de depresión que marcó el inicio de una confrontación extraordinariamente fecunda con su propio inconsciente, de la que brotaron todas sus grandes intuiciones y sus descubrimientos posteriores. Es el carácter «místico» de Jung, pero una mística «salvaje», como gustaba de calificarla el filósofo Michel Hulin, que no proviene tanto de las creencias religiosas conscientes del sujeto como de lo más recóndito de su ser.

Si bien Jung es un pensador al que podemos calificar de «espiritual» o de «espiritualista», ello no es debido a una filosofía idealista, a semejanza de la de Platón. Es más bien el fruto de la conjunción de una mente pragmática y empirista, que tan sólo se interesa por los hechos, y de una naturaleza mística que favorece experiencias interiores fuera de lo común. «La diferencia entre la mayoría de los hombres y yo reside en el hecho de que, en mí, los "tabiques" son transparentes. Ésa es mi particularidad. En otros, muchas veces son tan gruesos que ellos mismos no logran ver nada más allá y, por consiguiente, piensan que más allá no hay nada. [...] Ignoro lo que ha determinado mi facultad de percibir el caudal de la vida. Quizá fuera el propio inconsciente. Quizá fueran mis sueños precoces. Ya desde el inicio éstos determinaron mi caminar».[14]

Alentador de despertares y visionario, Jung nunca dejó de recordarnos que es en el interior de la psique humana donde se encuentran a la vez las soluciones de un porvenir mejor y los peores peligros para la humanidad y el planeta. En un momento en el que el mundo entero está focalizado en una epidemia vírica y está recurriendo a todo para erradicarla, me gustaría recordar estas declaraciones escritas por Jung en 1944: «Estoy convencido de que el estudio científico del alma es la ciencia del futuro. [...] En efecto, con claridad cada vez más cegadora, se muestra que no son ni la hambruna, ni los terremotos, ni los micro-

13. Íbid.
14. Íbid.

16

bios, ni el cáncer, sino que es sin lugar a duda el hombre quien constituye para el hombre el mayor de los peligros. La causa de esto es sencilla: todavía no existe ninguna protección eficaz contra las epidemias psíquicas, ¡pero esas epidemias son infinitamente más devastadoras que las peores catástrofes de la naturaleza! El supremo peligro que amenaza tanto al ser individual como a los pueblos considerados en su conjunto es el *peligro psíquico*».[15]

---

15. *L'homme à la découverte de son âme*, Albin Michel, 1987, págs. 333-334.

Primera parte

UN EXPLORADOR DEL ALMA HUMANA

1
JUVENTUD

Jung y su «karma» familiar

«Mientras trabajaba en mi árbol genealógico –escribe Jung al final de su vida–, comprendí la extraña comunidad de destino que me vincula a mis ancestros. Tengo con mucha fuerza el sentimiento de estar bajo la influencia de cosas y de problemas que mis padres, mis abuelos y mis otros antepasados dejaron incompletos y sin respuestas. Con frecuencia parece haber en una familia un karma impersonal que se transmite de los padres a los hijos».[1] Estos problemas pueden ser de naturaleza colectiva o personal (como un secreto ligado a la sexualidad o a la identidad). Jung no es locuaz en lo relativo a esta cuestión, y el único secreto de familia que trae a colación es la posibilidad de que su bisabuelo, que llevaba el mismo nombre que él (Carl Gustav Jung)–, fuera hijo natural de Goethe. Esta leyenda familiar lo fascinaba, porque siempre sintió una gran admiración por el *Fausto* del gran poeta alemán. Pero no cabe duda alguna, como vamos a ver, de que las grandes preguntas colectivas a las que se confrontaron sus antepasados durante varias generaciones ejercerán una profunda influencia en Carl Gustav Jung.

Por la línea paterna, su familia era originaria de Maguncia (Alemania). Su antepasado más antiguo conocido, Carl Jung, vivió en la segunda mitad del siglo XVII. Era doctor en derecho y en medicina, y quizá

1. *Recuerdos, sueños, pensamientos, op. cit.*

adepto al movimiento esotérico de la Rosacruz, que a la sazón acababa de florecer en aquella zona. Su nieto (Franz Ignaz Jung) fue asimismo médico y consejero médico en la corte de Mannheim. Uno de sus hijos, Carl Gustav (el abuelo de Jung), se hizo médico también. Sospechoso de ser un agitador político, fue encarcelado durante trece meses y tuvo que emigrar a París, y después a Suiza, donde dio clases como profesor de medicina en la Universidad de Basilea. Especialista en anatomía, se interesó por la trágica situación de los niños «débiles» y creó el Instituto de la Esperanza para que éstos fueran recogidos y convenientemente atendidos, lo cual le llevó a inclinarse hacia la psiquiatría. En paralelo a su carrera médica, se interesaba por el pensamiento esotérico y se hizo francmasón. Adquirió gran reputación local y fue nombrado rector de la Universidad de Basilea y Gran Maestre de la logia de Suiza. Enviudó dos veces, tuvo trece hijos, y de su tercer matrimonio con Sophie Frey (la hija del burgomaestre) nació el padre de Jung: Paul. Éste, más preocupado por la religión que por la medicina, se hizo teólogo y pastor de almas en Kesswil, donde nació Carl Gustav Jung. Obtuvo asimismo un doctorado en filosofía y se apasionó por la lengua hebrea. Acabó en el cargo de capellán del hospital psiquiátrico de Friedmatt, en el distrito llamado Kleinhüningen, cerca de Basilea, de donde era originaria su mujer, Emilia. Ésta era hija de un erudito pastor protestante, Samuel Preiswerk, asimismo gran especialista en el Antiguo Testamento y en la lengua hebrea, que impartió clases en Ginebra. Fue un ferviente militante sionista, cercano al periodista y escritor austrohúngaro Theodor Herzl. Samuel creía también en la presencia de los espíritus de los difuntos y le pedía a su hija (la madre de Jung) que se sentara detrás de él mientras escribía sus sermones, con el fin de que los espíritus no lo molestaran. Conversaba todas las semanas con el difunto espíritu de su primera mujer, con gran desaprobación de su segunda, Augusta, la madre de Emilia. Augusta, por su parte, tenía facultades adivinatorias que se le habían despertado a la edad de veinte años, tras haber permanecido treinta y seis horas como muerta, en coma cataléptico. Echaba las cartas y asimismo se comunicaba con las almas de los difuntos. Le transmitió ese don a su hija Emilia, que durante toda su vida fue consignando en un diario sus diálogos con los muertos y sus sueños premonitorios. El otro hijo de

Samuel y de Augusta (Rudolph) tuvo quince hijos, de los que dos niñas (Luisa y Helena) fueron también médiums junto a las cuales Jung, adolescente, se iniciará en el espiritismo. Su abuelo materno (Samuel) tuvo en total trece hijos, seis de los cuales se hicieron pastores de almas. ¡Jung tendrá, pues, ocho tíos pastores: seis por el lado de su madre y dos por el lado de su padre!

A la vista de semejante ascendencia, se comprende por qué la medicina, la religión y los fenómenos paranormales son los pilares del «karma» familiar de Jung y los tres grandes campos a los que él se iba a dedicar durante toda su existencia, intentando llegar lo más lejos que pudiera en la comprensión y la concienciación de ambos.

Una infancia solitaria, junto a la naturaleza

Nacido en 1875 y criado en el campo, en una pequeña casa rectoral del siglo XVIII, Carl Gustav será hijo único hasta el nacimiento de su hermana Gertrudis en 1884. Se describe a sí mismo como un niño muy solitario, que prefiere la compañía de las piedras, de los árboles y de los animales a la de los humanos. Un testimonio confirma este hecho. Albert Oeri fue uno de sus pocos amigos de infancia y lo acompañó en los pupitres de la escuela y de la universidad. Refiere este antiquísimo recuerdo: «Éramos aún muy pequeños. Mis padres fueron a visitar a los suyos. Nuestros padres eran antiguos compañeros del colegio y querían que sus hijos se divirtieran juntos. Pero no hubo manera. Carl, sentado en medio de la habitación, estaba jugando con unos bolos y no me prestaba la menor atención. ¿Cómo es posible que casi cincuenta y cinco años más tarde yo todavía recuerde esto? ¡Probablemente porque antes nunca había conocido a un monstruo asocial como aquel!».[2] En el crepúsculo de su existencia, Jung recuerda, en efecto, que evitaba la compañía de los demás niños, porque tenía el angustioso sentimiento de que «me alienaban de mí mismo» o «me constreñían a ser diferente de lo que yo creía ser».[3] Por el contrario,

2. *Encuentros con Jung*. Editorial Trotta, Madrid, 2000.
3. *Recuerdos, sueños, pensamientos, op. cit.*

Carl Gustav se siente plenamente él mismo y sereno cuando se pasea por el jardín, por los campos o por los bosques: «La naturaleza me parecía llena de maravillas en las que yo me quería zambullir. Cada piedra, cada planta, todo parecía animado e indescriptible».[4] La belleza y la armonía del mundo lo sosiegan. Habla con los elementos. Durante años, su juego favorito consiste en mantener vivo un fuego en la anfractuosidad de una vieja tapia. A nadie más que él se le permite alimentar ese fuego ni contemplarlo. Asimismo, le toma apego a una gran piedra, medio sepultada en la hierba, y a veces pasa largos ratos sentado encima, intentando comunicarse con ella y preguntándose: «¿Soy yo el que está sentado en la piedra o soy la piedra en la que está sentado él?».[5] Cuando vaya a la escuela, y más tarde al centro de secundaria, en Basilea, Carl Gustav será menos solitario y socializará fácilmente con los demás niños y adolescentes. Incluso se convertirá en una especie de cabecilla de grupo, que sabrá cautivar la atención de sus compañeros con sus razonamientos filosóficos precoces y sus dotes de elocución.

Los dos polos de su personalidad

Carl Gustav conserva un recuerdo ambivalente de su madre, como dotada de dos caras, una diurna, tranquilizadora, y la otra nocturna, inquietante. Por un lado afirma: «Mi madre fue para mí una madre buenísima. Emanaba de ella un calor animal muy grande, un ambiente deliciosamente confortable; era muy corpulenta. Sabía escuchar a todo el mundo: le gustaba charlar y era como un gorjeo gozoso. Tenía talentos literarios muy acusados, gusto y profundidad».[6] Pero a renglón seguido precisa: —A veces, cuando era niño, tuve sueños de angustia con ella. Por el día, era una madre amantísima, pero por la noche se me antojaba temible. Me parecía ser como una vidente, y al mismo

---

4. Íbid.
5. Íbid.
6. Íbid.

tiempo un extraño animal».[7] Sus padres se entendían mal y dormían en habitaciones separadas; Carl Gustav adquirirá la costumbre de dormir en la habitación de su padre, quien, por la noche, le da más tranquilidad. Éste le enseñará a leer y a escribir el alemán, así como el latín. Jung describirá a su padre como un hombre afectuoso y solícito, pero también irritable y a veces iracundo.

Así, desde muy pronto percibió Jung cierta dualidad en sus padres: pastor de almas conformista y legalista, su padre es al mismo tiempo un hombre inquieto presa de la duda; cálida y amorosa de día, su madre se le muestra por las noches oscura e inquietante. Una vez adolescente, Jung localizará también dentro de sí mismo cierta dicotomía entre lo que él llamará su «personalidad número I» —social, bien anclada, racional, deseosa de respetabilidad y de eficacia— y su «personalidad número II»: totalmente libre de la mirada ajena, contemplativa, en simbiosis con la naturaleza, pero frágil y atormentada por sueños y visiones interiores. Mucho más tarde comprenderá que, desde muy joven, había percibido la distinción entre su yo ordinario y su inconsciente activado, que precisamente por estarlo se había hecho perceptible.

Cuando tiene doce años, un episodio marca un punto de inflexión en su vida. Un compañero le da un empujón y cae de cabeza. Sufre un ligero síncope, que simula durante más tiempo para castigar al mencionado compañero. Más tarde se da cuenta de que a sus padres les preocupa intensamente su salud y entonces se le ocurre la idea de simular síncopes con regularidad para evitar ir al colegio, en donde se aburre profundamente. Tras más de seis meses de este teatrillo, que le permite dejar que su personalidad número 2 se exprese plenamente y se abandone a la ensoñación despierta en la naturaleza, sorprende una conversación en la que su padre le participa a un amigo su angustia respecto a la salud de su hijo y le confía que quizá tenga que tenerlo a su cargo toda la vida. Esto es un hondo golpe moral para el joven Carl Gustav, quien en ese momento decide cortar toda simulación y dedicarse por completo a sus estudios, levantándose todas las mañanas en cuanto dan las cinco para trabajar.

---

7. Íbid.

Rechazo de la religión

Ya desde la infancia, Jung está incómodo con la omnipresencia de la religión en su medio familiar. Lo aterran esas retahílas infantiles que mencionan al «niño Jesús que le protege del malvado diablo». Lo irritan las discusiones teológicas entre su padre y sus tíos (los «hombres de negro»), que tienen el sentimiento de estar en posesión de la verdad. Se aburre profundamente en los oficios religiosos y detesta acudir al templo (si no es por Navidad). La experiencia de su primera comunión consagra su ruptura definitiva con la religión de su linaje paterno: "De ello no resultaba sino vacío; más aún, era una pérdida. Yo sabía que nunca más podría participar en esa ceremonia. Para mí, no era una religión, era una ausencia de Dios. La iglesia era un lugar al que no iba a volver más. Allí, para mí, no había vida alguna. Lo que había era muerte».[8]

No obstante, esa aversión por la religión no significa en él una pérdida de la fe o un rechazo de Dios. Al contrario, siente que el mundo y la vida están llenos de un rico misterio. La idea de un Dios inefable, que le da sentido al cosmos, lo inspira mucho más que todas las figuras religiosas y los dogmas cristianos. Siente vibrar lo divino a través de los elementos de la naturaleza y llega a veces a rezar a ese Dios misterioso al que podemos conocer y experimentar a través de la gracia. Hacia el final de la adolescencia, tiene frecuentes disputas con su padre: «¡Vamos, hombre!, solía decir, tú lo único que tienes en la cabeza es pensar. No hay que pensar, hay que creer». Y yo pensaba: «No: hay que experimentar y saber. [...] Hasta unos años más tarde no comprendí que mi pobre padre se prohibía a sí mismo pensar porque era presa de hondas y desgarradoras dudas. Huía de sí mismo, por eso insistía en la fe ciega que necesitaba alcanzar él mediante un esfuerzo desesperado y una contracción de todo su ser».[9]

El descubrimiento de la filosofía, hacia la edad de diecisiete años, le ayudará a liberarse definitivamente del carácter mórbido de la religión. Lo deslumbra el pensamiento de Schopenhauer, y luego más aún el de Kant. Esta evolución filosófica «tuvo como consecuencia dar un vuel-

8. Íbid.
9. Íbid.

co total a mi actitud hacia el mundo y la vida: si antaño yo era tímido, ansioso, desconfiado, maciento, flaco y de salud en apariencia tambaleante, ahora sentía un poderoso apetito desde todos los puntos de vista. Sabía lo que quería y me apoderaba de ello».[10] Su amigo Albert Oeri es testigo de esta metamorfosis: «Carl –apodado –el Tonel– por sus antiguos compañeros de colegio y de botella– era un alegre miembro del club de estudiantes de la Zofingia[11] y siempre estaba preparando una revolución contra –la liga de la virtud».[12]

Nacimiento de una vocación médica

Al final de sus años de secundaria, Carl Gustav tiene que tomar una decisión respecto a su futuro profesional. En ese momento tiene tres pasiones: las ciencias naturales, la historia de las religiones antiguas y la filosofía. Acaba de descubrir con pasión a Voltaire y a Nietzsche, que le confirman en su emancipación del cristianismo. *Así habló Zaratustra* produce en él un impacto tan hondo como el Fausto de Goethe. ¡Años más tarde, escribirá sobre él un comentario psicológico en doce volúmenes![13] Pero vacila en encaminarse hacia estudios puramente intelectuales, porque gusta del contacto con la materia, con los hechos. Le atrae asimismo la historia comparada de las religiones y se apasiona por las civilizaciones antiguas, en especial la egipcia y la babilonia. Acaricia, así, la idea de ser arqueólogo. Pero tiene también un vivo interés por las ciencias naturales: la zoología, la paleontología y la geología. Incapaz de tomar una decisión, de pronto le viene a la mente que podría ser médico, como su abuelo paterno.

Único obstáculo: los estudios de medicina son largos y onerosos, y su familia no los puede costear. Obstáculo finalmente superado: su padre solicita y obtiene una beca para su hijo en la Universidad de Basilea.

---

10. Íbid.
11. Asociación de estudiantes, fundada en Zofingen en 1891, con tendencia política encaminada hacia la creación de un estado federal suizo. *(N. de la T.)*
12. *Encuentros con Jung, op. cit.*
13. Trabajos aún inéditos.

Las diversas asignaturas estudiadas en la facultad de ciencias interesan sobremanera a Jung, con excepción de la fisiología, debido a los repetidos experimentos de vivisección realizados para el único fin de la demostración. «De sobra veía yo que había que experimentar con los animales, pero no por ello dejaba de parecerme bárbara, horrible y sobre todo superflua la repetición de esos experimentos, con vistas a la demostración».[14] Esa sensibilidad para con lo vivo le es inherente y, por otro lado, rebasa la linde del sufrimiento inútil infligido a los animales. Ya de niño no soportaba que se cortaran flores: «Por una razón que me era desconocida, desaprobaba que las arrancaran y las secaran. Eran seres vivos que tan sólo tenían sentido si crecían y florecían. Había que mirarlas con respeto y experimentar para con ellas un asombro filosófico».[15]

Unos años después de que Carl Gustav iniciara sus estudios de medicina, su padre se sume en una profunda depresión y debe guardar cama. Aquejado de una enfermedad incurable, muere al cabo de unos meses en presencia de su hijo, que asiste por primera vez al fallecimiento de un ser humano. Carl Gustav tiene veintiún años. Siente un profundo pesar, agravado por el sentimiento de que a su padre se le pasó de largo su propia vida. Comprende entonces la importancia para cada ser humano de realizarse en función de su naturaleza única, singular, más allá de la influencia del medio familiar, de la cultura y del espíritu del tiempo: «Aunque nosotros los hombres tengamos nuestra vida personal, no por ello dejamos de ser en gran medida, por otra parte, representantes, víctimas y promotores de un espíritu colectivo, cuya existencia se cuenta en siglos —escribe sesenta años más tarde en su autobiografía—. Podremos, durante una vida entera, pensar que estamos siguiendo nuestras propias ideas sin descubrir jamás que no hemos sido otra cosa que figurantes en el escenario del teatro universal. Porque hay hechos que ignoramos y que, no obstante, influyen en nuestra vida, y ello tanto más cuanto que son inconscientes».[16]

---

14. *Recuerdos, sueños, pensamientos, op. cit.*
15. Íbid.
16. Íbid.

Una tesis doctoral... sobre el espiritismo

Como ya he mencionado, Jung estaba rodeado de personas que tenían facultades mediúmnicas: sus abuelos maternos, su madre, su hermana y dos primas suyas. Por eso mismo, la idea de los aparecidos y del diálogo con espíritus desencarnados le era tan familiar que quedó impactado cuando descubrió que sus compañeros estudiantes de medicina no creían ni por un instante en la realidad de esos fenómenos:

Me asombraba la seguridad con la que podían afirmar que era imposible que hubiera aparecidos y que se hicieran girar las mesas y que, por consiguiente, eso eran supercherías. [...] ¿Cómo sabíamos nosotros de manera general que algo es –imposible–? [...] Después de todo, en la idea de que quizá ciertos acontecimientos escapaban de las limitaciones del tiempo, del espacio y de la causalidad, no había nada que pudiera hacer tambalearse el mundo, nada que fuera inaudito. ¿Acaso no había animales que barruntaban la tormenta y los terremotos? ¿Sueños premonitorios de la muerte de personas determinadas? ¿Relojes que se paraban en el instante de la muerte? ¿Cristales que se rompían en los momentos críticos? Cosas todas ellas que parecían naturales en el mundo que yo había conocido hasta entonces. Y he aquí que ahora era yo, al parecer, el único que había oído hablar de esto. ¡Muy en serio, me preguntaba en qué mundo había venido a caer![17]

Lejos de dejarse descabalgar por el acerbo escepticismo de los demás estudiantes, Jung se dedica todos los sábados a realizar experimentos con mesas giratorias, en especial en compañía de su prima Helena (llamada Helly), que parece ser una médium notable. También se zambulle en una abundante literatura filosófica y médica sobre los fenómenos paranormales. Encuentra, incluso, escritos sobre este tema en sus dos filósofos favoritos: *Sueños de un visionario* (1766), en el que Kant estudia las experiencias proféticas del pensador y vidente sueco Emanuel Swedenborg, y el *Ensayo sobre las visiones de fantasmas* (1851) de Schopenhauer.

---

17. Íbid.

Decide entonces orientar sus estudios de medicina hacia la psiquia-tría, porque se interesa cada vez más por el psiquismo humano y por la psicología, que le parecía ser «el lugar en el que se hacía realidad el encuentro de la naturaleza y de la mente».[18] Con la lectura de los tra-bajos de psicólogos conocidos en aquel entonces, como su compatrio-ta Théodore Flournoy, el estadounidense William James o el francés Pierre Janet, que se interesan de cerca por los experimentos espiritistas y por la escritura automática, se le ocurre la idea de emprender una tesis doctoral sobre el fenómeno de la mediumnidad. A la edad de veintisiete años, en 1902, defiende, pues, una tesis titulada *Acerca de la psicología y de la patología de los llamados fenómenos ocultos*. De confor-midad con los numerosos estudios médicos de la época dedicados a los fenómenos espiritistas, Jung considera, sin pronunciarse sobre el ca-rácter real o ilusorio del diálogo con los muertos, que los médiums, como su prima Helly, a la que ha observado cuidadosamente, tienen una personalidad histérica.

---

18. Íbid.

2
UN MÉDICO HUMANISTA

Crítica de los métodos psiquiátricos

En diciembre de 1900, con veinticinco años, Jung abandona Basilea por Zúrich, en donde se convierte en segundo asistente en la clínica psiquiátrica del Burghölzi.[1] Ésta la dirige desde hace dos años el gran psiquiatra Eugen Bleuler, quien acuñó, entre otros, los términos «autismo» y «esquizofrenia». Al igual que Freud, Bleuler había ido a París para asistir a las clases de Charcot. Éste rechazaba las teorías médicas dominantes de finales del siglo XIX, según las cuales las enfermedades mentales tenían, todas ellas, una causa física: desarreglos hormonales, etc. Charcot experimentó con sus enfermos la hipnosis como estado modificado de conciencia, con el fin de que éstos pudieran revivir situaciones traumáticas antiguas y hablar así de su dolencia, más allá de la barrera de su yo consciente. Tuvo gran influencia sobre todos los grandes exploradores y teóricos del inconsciente, empezando por Freud, Bleuler y Jung, quien abandona su puesto en la clínica del Burghölzi y decide irse a pasar dieciocho meses en París para asistir en el Collège de France a las clases del sucesor de Charcot: Pierre Janet. Así es como profundiza sus conocimientos sobre las emociones y la histeria.

De regreso en Zúrich, defiende su tesis y prosigue su actividad de joven médico psiquiatra junto a Bleuler. El trabajo en la clínica del Burghölzi es extenuante. Los médicos se alojan allí mismo y se levan-

---

1. El Burghölzi es una colina boscosa en la que se encuentra la clínica y de la que toma su nombre. *(N. de la T.)*

tan con el día para visitar a los enfermos antes de la reunión del personal de las 8:30. Después dedican su jornada a tratamientos, exámenes y pruebas, hasta la cena y el encuentro de última hora de la tarde con Bleuler, para recapitular sobre la evolución de los enfermos y los avances médicos. Para profundizar en sus conocimientos teóricos, Jung se impone la lectura de los cincuenta tomos de la *Revista general de psiquiatría*. Pero lo que descubre lo decepciona profundamente:

> La enseñanza psiquiátrica buscaba, por así decir, hacer abstracción de la personalidad enferma, y se conformaba con hacer diagnósticos que incluían la descripción de los síntomas y los datos estadísticos [...]. La psicología del enfermo mental no desempeñaba absolutamente ningún papel.[2]

Pero Jung está convencido de que de nada sirve tratar el síntoma sin un conocimiento de la historia del paciente, con el fin de comprender la causa profunda de su enfermedad y de poder aportarle una sanación auténtica. «En numerosos casos psiquiátricos —escribe—, el enfermo tiene una historia que no se cuenta y que, por lo general, nadie conoce. Para mí, la verdadera terapia sólo empieza una vez examinada la historia personal. Ésta representa el secreto del enfermo, un secreto que lo ha quebrado. Al mismo tiempo, esta historia contiene dentro de sí la clave del tratamiento. Así pues, es indispensable que el médico sepa descubrirla.[3]

El terapeuta, pues, tiene para consigo mismo el deber de considerar al individuo completo, y no solamente la enfermedad visible, ya que, según Jung, el daño psíquico no consiste en fenómenos localizados, que no son otra cosa que la expresión de un disfuncionamiento de la personalidad entera. «Así pues —escribe—, nunca cabría albergar esperanza de verdadera curación en un tratamiento dirigido solamente hacia los síntomas; ésta tan sólo puede esperarse del tratamiento de la personalidad total».[4] Lo que afirma aquí respecto de la enfermedad psíquica me parece ser igualmente cierto para enfermedades físicas

---

2. *Recuerdos, sueños, pensamientos, op. cit.*
3. Íbid.
4. *L'homme à la découverte de son âme*, Albin Michel, 1987, pág. 66.

crónicas, que con mucha frecuencia tienen un origen psicosomático: el prescribir durante años somníferos o pomadas a base de cortisona a una persona angustiada que tiene trastornos del sueño o enfermedades de la piel, sin intentar comprender ni tratar la causa de su angustia, le aportará, ciertamente, un alivio puntual, pero ninguna curación verdadera. No obstante, así es como funciona aún las más de las veces la medicina occidental: nos aplicamos en tratar más los síntomas que la personalidad global del enfermo. Para remediar este problema, convendría proporcionar una verdadera formación en psicología a los estudiantes de medicina o incitar a los médicos generalistas a trabajar de manera estrecha con los psicólogos.

Descubrimiento de los complejos

Al igual que Freud, a quien Jung todavía no conoce, Bleuler comparte estas miras, pero no se siente en condiciones de imponerlas. No obstante, instaura métodos nuevos que apuntan a descubrir, más allá de los síntomas, el origen profundo de las enfermedades mentales que aquejan a sus pacientes. Así, pide a Jung que experimente con los enfermos el método de las asociaciones de palabras, que se acaba de inventar. Se trata de pedirle al paciente que asocie, sin pensar, otra palabra a una palabra que le da el médico. Estas asociaciones, así como el tiempo que tarda el paciente en contestar, pueden proporcionar indicaciones sobre el trauma. A partir de estos experimentos, Jung elabora su famosa teoría de los «complejos afectivos». Observa, en efecto, que una larga vacilación del enfermo es reveladora de un conflicto psíquico inconsciente, que paraliza su actividad consciente. Define, entonces, los complejos como –«psiques fragmentadas escindidas» o «fragmentos psíquicos» cuya disociación es imputable a influencias traumáticas o a conflictos internos. Perturban la actividad consciente y se comportan como seres independientes. Se manifiestan mediante trastornos de la memoria, obsesiones o fijaciones y actos inconscientes: «Te ponen en los labios precisamente la palabra que no había que decir; te hurtan el nombre de la persona a la que vas a presentar; causan una necesidad irreprimible de carraspear en medio del *pianissimo* más conmovedor del concierto, llevan a tropezar con su silla, con estrépito, al tardón que quiere pasar desapercibido».[5] Jung observa que numerosos complejos van ligados no solamente a los impactos emocionales, sino también al conflicto moral fundado en «la imposibilidad de dar aprobación a la totalidad de la naturaleza humana. Esta imposibilidad conlleva, por su propia existencia, una escisión inmediata, sea ello con ignorancia de la conciencia o no. Incluso suele ser requisito indispensable una insigne inconsciencia de los complejos, cosa que, por supuesto, les confiere una libertad de acción mucho más grande: aparece entonces en toda su amplitud la fuerza de asimilación de éstos, dado que la inconsciencia del complejo ayuda a éste a apropiarse del yo, lo cual crea una modificación momentánea de la personalidad, llamada identificación con el complejo».[6]

Jung explica que los fenómenos a los que llamamos de «posesión diabólica» provocan síntomas similares a los de los complejos más graves, percibidos por los alienados como entidades cuya voz oyen o que los persiguen. Así pues, según él, no hay diferencia de principio entre los lapsus del neurótico contemporáneo víctima de un complejo y las blasfemias proferidas por el poseído de la Edad Media: hay simplemente una diferencia de grado. Así es cómo aplica su teoría de los complejos a los casos de demencia precoz (que más tarde se denominará «esquizofrenia»), demostrando que las ideas delirantes son inteligibles (lo cual interesará sobremanera a Freud).

Emma Rauschenbach

Fabien Sullivan Grandfils decía que «detrás de cada gran hombre hay oculta una mujer». Jung no supone una excepción a la regla. El 14 de febrero de 1903 contrae matrimonio con Emma Rauschenbach, hija de un rico industrial suizo, de la que se había enamorado seis años antes, ya en su primer encuentro:

---

5. Íbid.
6. Íbid.

Al entrar en la casa vi a una chiquilla de pie en el umbral; tenía unos catorce años y llevaba trenzas. En ese momento supe: ésa es mi mujer. Quedé profundamente conmocionado: no la había visto más que un breve instante, pero tuve inmediatamente la certeza absoluta de que había de convertirse en mi mujer.[7]

Emma es una hermosa joven dotada de una rica personalidad y de un temperamento más bien reservado. Criada en un medio burgués, en el que era inconcebible que una mujer trabajara, se consagra en gran parte a la educación de sus cinco hijos (un niño y cuatro niñas), pero no únicamente. Asiste a su marido y le aconsejará hasta su fallecimiento en 1955 (Jung la sobrevivirá seis años). Será muy activa en el seno del Club psicológico de Zúrich y desempeñará un importante papel en las relaciones que Jung mantendrá con Freud, a quien frecuenta regularmente con su marido. Estimulada por las actividades intelectuales de su esposo, aprende latín, griego, química y álgebra. Se dedica también a investigaciones personales sobre el mito del Grial, que serán completadas y publicadas tras su muerte por la principal colaboradora de Jung, Marie-Louise von Franz. Los Jung compartían el gusto por la poesía, las artes plásticas y la música clásica (en especial de Juan Sebastián Bach, al que Jung veneraba a la misma altura que a Shakespeare): sentían el arte de ambos como una expresión directa del inconsciente, sin ninguna parasitación del ego. Poco tardará la pareja en atravesar dificultades –volveré sobre esto–, pero se mantendrá muy sólidamente unida hasta el final y no hay duda de que Jung no habría podido realizarse personalmente ni llevar a cabo semejante tarea sin el amor, la presencia y el apoyo incondicional de Emma.

Un médico humanista

Paralelamente a su actividad como psiquiatra en la clínica del Burghölzi, de la que llega a ser médico jefe, Jung recibe el encargo de impartir unas clases de psiquiatría en la facultad de medicina de la Universidad

---

7. *Recuerdos, sueños, pensamientos, op. cit.*

de Zúrich y crea un laboratorio de psicopatología experimental. Más allá del carácter innovador de las investigaciones que lleva a cabo sobre las enfermedades mentales, los testigos quedan impresionados por la humanidad y la compasión de las que hace gala para con los pacientes. Marie-Louise von Franz afirma que «toda su vida tuvo Jung la bondad generosa de los fuertes» y refiere la anécdota siguiente. Una mujer muy perturbada y desagradable hizo irrupción repentinamente en su casa de campo y le echó encima de manera abrumadora el relato de sus problemas sin que Jung la interrumpiera. Una vez se hubo marchado, sus deudos le preguntaron por qué no la había despedido de inmediato. Él respondió: «A muchos, la vida les da giros tan crueles que no se los puede condenar por estar tan perturbados»[8] Esa humanidad y esa paciencia que tiene con los enfermos contrastan con la brutalidad que puede tener Jung para con los poderosos, o la frialdad y la ironía que a veces expresa hacia sus allegados. Muchas veces repitió que cada encuentro cara a cara con un enfermo era un encuentro único que merecía toda su atención y su compasión. Para él, la curación del paciente depende mucho de la manera en la que éste se sienta respetado, e incluso querido, por el terapeuta. Por lo mismo, Jung siempre hizo suya esta máxima de Paracelso, famoso médico del Renacimiento: «El ejercicio de esta arte [de la medicina] tiene su lugar en el corazón; si tu corazón es falso, el médico que hay en ti también es falso».[9] Desde sus inicios como psiquiatra en la clínica del Burghölzi hasta el final de su vida, en el que ya solamente recibía clientela privada, Jung siempre tuvo fama de ser un buen terapeuta. Sanó a numerosos enfermos a los que se consideraba incurables y venía gente del mundo entero para tratarse con él. Él mismo constató que, de los miles de pacientes que tuvo en tratamiento, había podido obtener para un tercio una sanación definitiva, para otro tercio una notable mejoría y para el último tercio poca o ninguna mejoría. Es muy probable que, más allá de sus cualidades médicas, estos resultados se deban a la calidad de la relación humana que establecía con cada uno de sus enfermos. Además de la compasión que sentía por ellos,

---

8. Marie-Louise von Franz, *C. G. Jung, su mito en nuestro tiempo.* Fondo de Cultura Económica, México D.F., 1982.
9. *Synchronicité et Paracelsica,* Albin Michel, 1988, pág. 38.

Jung sabía adaptar sus métodos a cada uno. Insistía en la necesidad de no seguir un protocolo rutinario, de desconfiar de las hipótesis teóricas, de adaptar el lenguaje y el acercamiento a cada individuo.

> El hecho decisivo es que, en tanto que ser humano, me encuentro enfrente de otro ser humano. El análisis es un diálogo que necesita dos *partenaires*. El analista y el enfermo se encuentran frente a frente, mirándose a los ojos. El médico tiene algo que decir, pero el enfermo también.[10]

Por eso insiste también, en la línea de Freud, sobre el hecho de que el analista no debe conformarse con comprender al analizado, sino que debe comprenderse a sí mismo.

El aspecto más importante de la formación del terapeuta es su propio análisis (lo que se llama el «análisis didáctico»). El médico solamente podrá ayudar al paciente a descubrir la suya porque conoce su propia psique —más tarde hará la misma observación respecto de los educadores—. Solamente por ser capaz de dialogar de manera fecunda con su propio inconsciente ayudará a los demás a hacer otro tanto. Así, denuncia a los terapeutas que actúan con una máscara (una *persona*) que les sirve de coraza. Critica también con vehemencia a los psiquiatras que se refugian demasiado en el intelecto por anhelo de control:

> El desplazamiento hacia lo conceptual le quita a la experiencia su sustancia para atribuírsela a un simple nombre que, a partir de ese instante, pasa a ocupar el lugar de la realidad. Una noción no compromete a nadie, y es precisamente ese beneplácito lo que se busca, porque promete proteger contra la experiencia. Ahora bien, la mente no vive de conceptos, sino de los hechos y las realidades.[11]

Subraya también a propósito de esto que los pacientes más difíciles de tratar que tuvo, los que más resistencia opusieron, fueron esos intelectuales que cultivan una «psicología de compartimentos».

---

10. *Recuerdos, sueños, pensamientos, op. cit.*
11. Íbid.

Si bien el terapeuta debe implicarse como persona en la terapia, Jung nos pone en guardia, no obstante, contra una forma de implicación personal que pudiera conducir al médico a transmitirle al paciente sus propios valores y convicciones. «Yo nunca intento convertir a un enfermo a nada, sea ello lo que fuere –escribe–, y no ejerzo sobre él presión alguna. Lo que me importa antes que nada es que el enfermo logre su propia concepción. Un pagano en mi consulta se convierte en un pagano, un cristiano en un cristiano y un judío en un judío, si es ésa la voluntad de su destino».[12]

Jung reconoce también el impacto que han tenido sobre él sus numerosos pacientes. No solamente ha aprendido mucho, gracias a ellos, sobre la psicología humana y las enfermedades del alma, sino que también se ha enriquecido a título personal mediante buen número de esos cambios de impresiones:

> El encuentro con seres humanos de los géneros y niveles psicológicos más diferentes tuvo para mí una gran e incomparable importancia, más grande que una conversación deshilvanada con una personalidad famosa. Las conversaciones más hermosas y preñadas de consecuencias que he tenido en mi vida son anónimas.[13]

---

12. Íbid.
13. Íbid.

3
SIGMUND FREUD

Descubrimiento de las tesis freudianas

Entre las personalidades célebres a las que conoció Jung, hay por lo menos una que tuvo un impacto decisivo sobre su vida y su carrera: Sigmund Freud, médico neurólogo austríaco y padre del psicoanálisis. Joven psiquiatra de veinticinco años, Jung descubre a Freud en 1900 con la lectura de *La interpretación de los sueños.* Es todavía demasiado joven como para percibir el carácter revolucionario de las tesis freudianas, y hasta tres años más tarde no relee la obra a la luz de sus propios experimentos sobre la interpretación de los sueños y las asociaciones, lo cual le permite apreciarla en su justa valía. Se siente en consonancia profunda con Freud y le envía unos años más tarde, en 1906, sus *Études diagnostiques sur les associations,*[1] que se inspiran en parte de las tesis freudianas que ha experimentado con éxito. Freud le responde con entusiasmo, y así da comienzo una correspondencia regular entre ellos: habrá un intercambio de trescientas sesenta cartas hasta 1914. Este acercamiento entre Freud y Jung es visto con muy malos ojos por los colegas de este último, quienes, como la mayoría de los psiquiatras de la época, tienen una pésima opinión de Freud, a quien perciben como un charlatán y un obseso sexual. A raíz de un artículo en el que apoya abiertamente las tesis freudianas, Jung recibe sendas cartas de dos grandes profesores alemanes de psiquiatría, que le advierten de que peligra su futuro universitario si persiste en apoyar a Freud. Él les con-

---

1. *Estudios diagnósticos sobre las asociaciones. (N. de la T.)*

testa: «Si lo que dice Freud es la verdad, ¡yo me apunto! Me trae sin cuidado una carrera en la que se acallara la verdad y se mutilara la investigación».[2] De hecho, no tarda en dimitir de su cargo de médico jefe de la clínica del Burghölzi para dedicarse, con toda libertad, a sus investigaciones. Para acudir a sus necesidades materiales, todavía conserva su puesto de encargado de curso en la universidad y sabe que puede contar con el apoyo de su mujer, que financia las obras de su hermosa residencia de Küsnacht, en la ribera del lago de Zúrich, en la que puede recibir a una nutrida clientela privada que le permita ejercer su oficio de analista y validar sus trabajos de manera empírica.

Jung explica en su autobiografía cómo Freud revolucionó el conocimiento de la psique humana y miró la enfermedad y al enfermo con ojos nuevos, lo cual hacía hondo eco a su propia mirada:

> La mayor hazaña de Freud es sin duda haberse tomado en serio a sus enfermos neuróticos y haberse consagrado a lo que la psicología de éstos tiene de individual y de singular. [...] Veía, podríamos decir, con los ojos del enfermo, y así alcanzó a una comprensión más profunda de la enfermedad que no había sido posible hasta entonces. En esto, carecía de ideas preconcebidas y estaba lleno de valentía. Eso le permitió superar un sinfín de prejuicios. [...] Demostró empíricamente la existencia de una psique inconsciente que antes no era sino un postulado filosófico en las filosofías de Carl Gustav Carus y de Eduard von Hartmann».[3]

Jung, el delfín de Freud

Los dos hombres se encuentran por primera vez en Viena el 3 de marzo de 1907 con ocasión de una cena familiar en casa de Freud, a la que también asiste Emma Jung. Su conversación, que se prolonga durante varios días, es descrita por Peter Gay, el biógrafo de Freud, como «una orgía de debates profesionales, puntuados por las comidas en familia y

---

2. Íbid.
3. Íbid.

una reunión de la Sociedad psicológica de los miércoles».[4] Se intensifican los cambios de impresiones epistolares y los encuentros entre ambos hombres. Parece instalarse entre ellos una relación de tipo padre-hijo (Freud tiene a la sazón cincuenta años y Jung, treinta y uno). El amigo y biógrafo de Freud, Ernest Jones, refiere que Freud designó por entonces a Jung como su «hijo y heredero científico», su «delfín», y que «había creído encontrar en él a su sucesor directo», el único capacitado para «sustraer al psicoanálisis del peligro de convertirse en un asunto nacional judío».[5] Antes de la aparición de Jung, en efecto, la práctica totalidad de los discípulos de Freud eran judíos, como él. El movimiento psicoanalítico se considera en ese momento como un asunto judío, lo cual, en el contexto ambiental de antisemitismo, apenas si favorece su difusión. Freud percibe, pues, que Jung puede desempeñar un papel esencial para hacer que se legitimen sus tesis más allá de la pequeña comunidad médica y científica ya convencida. Éste lo logra rápidamente y consigue adherir a las miras de Freud a buen número de médicos alemanes y zuriqueses, entre ellos Eugen Bleuler, quien ya mantenía correspondencia con Freud desde 1904, pero manteniendo cierta distancia. Zúrich se convierte así, después de Viena, ya desde finales de 1907, en el segundo bastión del incipiente movimiento psicoanalítico. En abril de 1908, Jung recibe el encargo de organizar en Salzburgo el primer Congreso internacional de psicoanálisis y se convierte en redactor jefe de la primera revista del movimiento psicoanalítico.

En septiembre de 1909, Freud y Jung son invitados, ambos, a la Clark University (Worcester, Massachusetts). Es su primer viaje a Estados Unidos. Hacen el viaje en barco, en compañía de dos fieles discípulos de Freud, el húngaro Sándor Ferenczi y el galés Ernest Jones, para pronunciar un ciclo de conferencias sobre el psicoanálisis y sus respectivos trabajos. «Ayer comenzó Freud las conferencias —escribe Jung a su mujer el 8 de septiembre—. Cosechó un gran éxito. Aquí

---

4. Peter Gay, *Freud, una vida de nuestro tiempo*. Ediciones Paidós Ibérica, Barcelona, 2004.
5. Ernest Jones, *Vida y obra de Sigmund Freud*. Ediciones Anagrama, Barcelona, 2003.

vamos ganando terreno y nuestra causa se va afianzando despacio pero con seguridad».[6] Se concede a Freud y a Jung el honor del título de doctor *honoris causa* de la Clark University y ambos dan numerosas entrevistas en los medios. En el transcurso de esas siete semanas, y sobre todo durante las dos semanas de travesía en barco, cambian impresiones con intensidad y analizan casi a diario sus respectivos sueños. Varios incidentes, no obstante, marcan este viaje: Freud sufre un síncope mientras Jung le cuenta una historia relativa a unos cadáveres que se encontraron momificados por un proceso natural en ciertos pantanos del norte de Alemania. Más tarde le confesará a Jung que él en eso veía una señal de que éste deseaba inconscientemente su muerte. En otra ocasión, Freud tiene un sueño que conduce a Jung a preguntarle unos detalles de su vida privada para comprender mejor la clave del sueño. Freud se niega a darlos, arguyendo que con ello se expondría a perder su autoridad. «En ese mismo momento la había perdido —escribe Jung—. Esa frase se me quedó grabada en la memoria. Prefiguraba ya para mí el final inminente de nuestro trato. Freud ponía la autoridad personal por encima de la verdad».[7]

Desacuerdos y ruptura

Tras una luna de miel que dura casi dos años, ya a principios del año 1909 empiezan a aparecer tensiones y divergencias de miras entre los dos hombres. Aunque continúen departiendo y trabajando juntos en el desarrollo del psicoanálisis hasta la primavera de 1914 (fecha de la dimisión de Jung de la presidencia de la Asociación Internacional de Psicoanálisis), su relación no deja de envenenarse, por razones personales y teniendo como base unos desencuentros cada vez más frecuentes. Freud está convencido de que Jung quiere ocupar su puesto a la cabeza del movimiento psicoanalítico y de que está dispuesto a cometer (simbólicamente) el asesinato del padre. Por su lado, a Jung le parece que Freud se está volviendo cada vez más rígido en sus posiciones

---

6. *Recuerdos, sueños, pensamientos, op. cit.*
7. Íbid.

por miedo a perder el control sobre el movimiento que él mismo promovió, lo cual por otro lado conducirá, andando los años, a la mayoría de los discípulos de los primeros tiempos a separarse de él cuando se oponga firmemente a tesis que contradicen las suyas: Alfred Adler, Wilhelm Stekel, Karl Abraham, Otto Rank y Sándor Ferenczi.

El primer punto de fricción entre Jung y Freud se refiere a la importancia concedida por este último a la sexualidad. Si bien Jung abraza la teoría freudiana de la represión (se reprime en el inconsciente una idea inaceptable o un trauma demasiado violento), recusa la idea freudiana de que toda represión es de origen sexual. Está convencido de que pueden entrar en liza otros factores, como la cuestión de la adaptación social o la opresión ejercida por circunstancias trágicas de la vida. Por otra parte, Freud asimila la libido, esa pujanza vital que es el motor de nuestra existencia, esa pulsión de autoconservación, principalmente a la sexualidad, cosa que también recusa Jung, quien se inspira de las tesis del filósofo Henri Bergson sobre el impulso vital, para mostrar que la libido tiene una dimensión mucho más amplia. Freud envía a Jung esta temible conminación, referida por este último en su autobiografía: «Mi querido Jung, prométame que nunca abandonará la teoría sexual. ¡Es lo más esencial! Fíjese, tenemos que convertirla en un dogma, en un bastión inamovible». Me decía esto lleno de pasión y con el tono de un padre que dijera: «Prométeme una cosa, hijo mío querido: ¡que irás todos los domingos a la iglesia!».[8]

El segundo punto esencial de desacuerdo atañe al inconsciente. Jung recusa la idea freudiana según la cual el inconsciente es esencialmente un lugar de represión (principalmente de los deseos sexuales): está convencido de que el inconsciente es algo mucho más rico. Para él, se trata de un vasto continente inexplorado, que procura comunicarse con nuestro yo consciente a través de los símbolos (de ahí la importancia de la interpretación de los sueños), y la mayoría de esos símbolos no remiten a un contenido sexual reprimido. Por otro lado, si bien Jung suscribe la concepción freudiana del inconsciente personal, también está cada vez más convencido de que existen en la psique individual estratos más profundos que religan a cada individuo con la

---

8. Íbid.

historia colectiva de su linaje, de su cultura y de la civilización a la que pertenece. Freud reconoce la presencia en el inconsciente de lo que él llama los «residuos arcaicos», remanentes del pasado, pero Jung va mucho más allá y piensa que existe una estructura psíquica universal innata, que nos vincula de manera viva a la historia de nuestros ancestros desde hace milenios, y a la que denomina «inconsciente colectivo» (volveré sobre esta noción).

Desde que era un niño, Jung, en efecto, tiene sueños que le conectan con un pasado lejano o con mitos universales. Durante la travesía del Atlántico en 1909, en compañía de Freud, tiene un sueño que lo conmueve profundamente, en el que se ve a sí mismo viviendo en una casa de dos alturas. Él se encuentra en la planta superior, en un bonito salón con muebles de estilo rococó y magníficos cuadros colgados de las paredes. Baja a la planta de calle y descubre un ambiente más oscuro de tipo medieval: baldosas rústicas rojas en el suelo, tapices en las paredes. Echa a andar después por una escalera de piedra que baja al sótano y descubre una hermosa estancia abovedada de la época romana. El suelo está recubierto de gruesas losas. Observa que una de ellas está provista de una argolla: le echa mano y atisba una pequeña escalera de piedra que le conduce a una cueva rocosa. En el propio suelo terroso, observa restos de una civilización primitiva, así como osamentas y dos cráneos humanos. Cuando le cuenta este sueño a Freud, éste tan sólo muestra interés por los cráneos y le pregunta cuáles son las dos personas cuya muerte podría desear inconscientemente. Jung queda atónito por esta interpretación, que considera muy reductora. Él analiza su sueño de una manera totalmente distinta: el piso superior de la casa representa su yo consciente, mientras que los pisos inferiores representan los estratos cada vez más inconscientes de su psique, hasta el hombre primitivo que mora aún agazapado en él. El desacuerdo entre los dos hombres sobre esta cuestión se acentúa fuertemente en 1912 con la publicación de una obra capital de Jung, *Transformaciones y símbolos de la libido,* en la cual desarrolla su tesis del inconsciente colectivo.

Otro punto de desacuerdo relativo al inconsciente: mientras que Freud lo concibe como una especie de cueva, en la que reposarían en la penumbra todos nuestros deseos reprimidos, Jung lo percibe como un desván en el que se filtra una luz suave, la de nuestras aspiraciones hacia lo sagrado. Como veremos más adelante, la cuestión del sentido de la espiritualidad se le revela a Jung como una dimensión antropológica fundamental, mientras que Freud tan sólo ve en ella neurosis o ilusión: «Cada vez que se manifestaba la expresión de alguna espiritualidad en un hombre o en una obra de arte, él sospechaba y sacaba a relucir la "sexualidad reprimida"»,[9] recuerda Jung. Negándose a ver tan sólo la parte oscura del hombre y de su inconsciente, dedicará gran parte de sus trabajos a mostrar también la parte luminosa de éstos, empeñada en una búsqueda de realización espiritual. Como decía Pascal:

Es peligroso hacerle ver en exceso al hombre cuán igual es a los animales, sin mostrarle su grandeza. También es peligroso hacerle ver en exceso su grandeza sin su bajeza. Aún más peligroso es dejarle ignorar ambas. Pero es muy ventajoso representarle tanto la una como la otra».[10]

Los dos hombres divergen también sobre una cuestión que se discute mucho en los medios psiquiátricos de la época: la de los fenómenos paranormales (mediumnidad, poltergeist, clarividencia, adivinación, telepatía, precognición, etc.). Ya hemos visto el interés que mostró siempre Jung por estos fenómenos inexplicados, que chocan con el racionalismo de Freud. Éste pone en guardia con regularidad a su joven colega contra esa atracción que juzga insensata y peligrosa para su reputación:

Sé que usted se deja llevar por su profundísima inclinación hacia el estudio del ocultismo, y no dudo que regrese usted de ahí con una carga muy rica. Contra eso nada podemos hacer y cada uno hace bien en obedecer a la sucesión de sus impulsos. La fama adquirida por usted a través de sus trabajos sobre la demencia resistirá largo tiempo a la acusación de «místico». Pero no se quede ahí, en las lujuriosas colonias tropicales; hay que ser el rey en propia casa».[11]

---

9. Íbid.
10. Blaise Pascal, *Pensamientos*, 418.
11. Freud, carta de 12 de mayo de 1911 a Jung, en *Recuerdos, sueños, pensamientos, op. cit.*

Por su parte, Jung intenta convencer a su predecesor de que es esencial interesarse por los fenómenos paranormales con el fin de comprender su fundamento psíquico y ampliar el conocimiento a la totalidad de lo real. Durante una conversación en casa de Freud en Viena, en marzo de 1909, mientras que éste recusa una vez más con virulencia toda veracidad de los fenómenos de parapsicología, en particular los de clarividencia y precognición, Jung no se atreve a dar a entender directamente su absoluto desacuerdo y siente una fuerte tensión en su interior. Surge en ese momento un enorme crujido del armario-biblioteca situado justo al lado de ellos:

«Eso es lo que se llama un fenómeno catalítico de exteriorización», afirma Jung, que ve una relación síncrona entre su estado interno y ese acontecimiento externo.

«—¡Eso es una pura tontería!, le responde Freud.

—¡No!, prosigue Jung, se equivoca usted, señor profesor. Y para demostrarle que tengo razón, le digo con antelación que se va a reproducir ese mismo crujido».

Y apenas había pronunciado esas palabras, se volvió a oír el mismo ruido dentro del armario. Ignoro aún hoy de dónde me vino esa certeza. Pero yo sabía perfectamente que el crujido se iba a reproducir. En ese momento, por toda respuesta, Freud se me quedó mirando, atónito».[12] Freud volverá a considerar el incidente por extenso, unas semanas más tarde, en una carta dirigida a Jung en la que intenta aportar al asunto una explicación racional. Ello no obstante, afirma estar dispuesto aún a escucharle en lo relativo a las investigaciones que está desarrollando en parapsicología, y precisa: «Mi interés será el mismo que se tiene por una dulce ilusión que no se comparte».

Lo que me impresionó sobre todo de la lectura de esta larga carta fue constatar hasta qué punto quedó Freud herido por la actitud de Jung —que le plantó cara sobre un asunto que consideraba de gran importancia—, y hasta qué punto procuró desestabilizarle, minando así su autoridad: «Es cosa notable —escribe— que la misma tarde en la que le adopté formalmente como a mi hijo primogénito, en la que lo ungí como sucesor y príncipe heredero —*in partibus infidelium*—, que en ese

12. Íbid.

mismo momento me despojara usted de mi dignidad paterna y que ese expolio haya parecido complacer a usted tanto como a mí la investidura de su persona».[13] Todo queda dicho aquí: Jung nunca renunció a su espíritu crítico ni a defender sus ideas frente a Freud, y éste nunca aceptó que aquel en quien veía a su sucesor pudiera poner en entredicho su autoridad y sus miras. Su ruptura estaba anunciada. Se producirá en la primavera de 1914.

En agosto de 1913, durante el XVII Congreso Internacional de Medicina de Londres, Jung toma sus distancias con el psicoanálisis y presenta su propio enfoque terapéutico, al que denomina «psicología analítica». El 20 de abril de 1914, tras haber sido reelegido por los pelos en septiembre de 1913 sin la aprobación de los más cercanos discípulos de Freud, Jung dimite de su cargo de presidente de la Asociación Internacional de Psicoanálisis. El 10 de julio, la Sociedad Psicoanalítica de Zúrich sigue sus pasos y decide a su vez abandonar la Asociación, so pretexto de que Freud «impone una ortodoxia que traba la libertad y la independencia de la investigación». En ese momento Freud propone a Jung que pongan término definitivo a su relación personal. Después estalla la guerra del 14 al 18. Los dos hombres no volverán a comunicarse ni a encontrarse nunca más.

La mayoría de los historiadores del psicoanálisis de fidelidad freudiana ven en Jung a un discípulo disidente de Freud, una suerte de hereje del movimiento psicoanalítico. La realidad es más compleja. Como hemos visto, Jung ya había desarrollado sus propias ideas y teorías antes de conocer a Freud. Ya en aquel tiempo era reconocido en el mundo de la psiquiatría, y ésa es la razón por la que Freud se interesó por él y quiso convertirlo en su sucesor para dar una dimensión más internacional al psicoanálisis. Tuvieron también una relación personal fuerte, pero teñida de paternalismo, que halagó a Jung antes de asfixiarlo, lo que explica el resentimiento que inflama a los dos hombres después de su ruptura.

Aunque, como hemos visto, Jung rindió al final de su vida un vibrante homenaje a Freud y reconoció la importantísima aportación que éste había tenido en su pensamiento y en la ciencia psicológica en

---

13. Freud, carta del 16 de abril de 1909 a Jung, íbid.

general, seguramente no erraba en precisar: «En modo alguno desciendo en línea directa de Freud. Yo ya tenía elaborada mi posición científica y la teoría de los complejos antes de conocer a Freud. Los maestros que en primerísimo lugar ejercieron influencia sobre mí son Bleuler, Pierre Janet y Théodore Flournoy».[14]

---

14. *El libro rojo de Jung*, Editorial El Hilo de Ariadna, Buenos Aires, 2014.

4

INMERSIÓN EN EL INCONSCIENTE

Desorientación

«Después de la separación de Freud se había iniciado para mí un período de incertidumbre interior; más aún que eso, de desorientación –escribe Jung en su autobiografía–. Me sentía flotando, como totalmente en suspenso, porque todavía no había encontrado mi propia posición».[1] Si bien aliviado por no tener ya que contemporizar con unas teorías psicológicas y, más aún, con un punto de vista filosófico positivista que no suscribe, Jung se halla en una gran soledad profesional. Al apoyar a Freud y convertirse en una figura señera del movimiento psicoanalítico, se había puesto en contra al mundo de la psiquiatría. Al romper con Freud, pierde sus amistades y apoyos en la corriente psicoanalítica y queda muy aislado, aunque continúe manteniendo cambios de impresiones amistosos y profesionales con los miembros de la rama zuriquesa del movimiento psicoanalítico y con unos cuantos electrones libres, como el psicólogo ginebrino Théodore Flournoy.

Solo frente a sí mismo, se sume en una modalidad de depresión que durará varios años. No teniendo ya ni apetencia ni pasión por enseñar la psiquiatría (ya no consigue ni leer un solo libro científico sobre el tema), dimite de su cargo de la Universidad de Zúrich el 20 de abril de 1914 para proseguir «esta singular tarea que es la experiencia de mi

---

1. *Recuerdos, sueños, pensamientos, op. cit.*

confrontación con el inconsciente».[2] De ahí en adelante, se consagra enteramente a su vida interior, a sus investigaciones personales y a su clientela privada. Hemos visto que, desde la infancia, Jung percibía dentro de sí dos personalidades. La primera es la de su yo consciente: racional, lógica, extravertida y orientada hacia la realización social. La segunda es la de su inconsciente: irracional, poética, introvertida y contemplativa. Desde el final de su adolescencia, Jung decidió dar la prioridad a su personalidad número I, y así fue como construyó una carrera profesional notable, una familia y una red social. Pero cuando llega a la mitad de su vida (en 1913, Jung tiene treinta y ocho años), siente la imperiosa necesidad de volver a darle la palabra a su inconsciente, de dejar que aflore de nuevo su personalidad número II largo tiempo sofocada, de marchar a la búsqueda de su mito personal. Da comienzo en ese momento para él lo que más tarde llamará el «proceso de individuación», fruto de un fecundo diálogo entre el consciente y el inconsciente, y del que tiene la convicción de que surge, para muchos individuos, como él, en esa crisis del centro de la vida, cuando uno se interroga sobre el sentido profundo de su existencia.

Este período de desestabilización se revela como la ocasión de un fecundo cambio. Jung está en crisis, pero esa crisis se le muestra como la condición necesaria para una profunda mutación interior y para la elaboración de una nueva comprensión de sí mismo y de la psicología humana en general. Al final de su vida, escribirá a propósito de este período de desestabilización: «Toda mi actividad posterior consistió en elaborar lo que había brotado del inconsciente a lo largo de esos años y que en un primer momento me inundó. Fue la materia prima para la obra de toda una vida».[3]

Durante este período rico en sueños y en visiones interiores inspiradoras, pero desestabilizantes, Jung intenta encontrar un equilibrio entre su accidentada vida psíquica y una vida familiar y social estructuradora. La presencia de su mujer y de los cinco hijos de ambos y el hecho de atender a sus pacientes le aportan un equilibrio indispensable. Recibe entre cinco y nueve pacientes al día, dedica el resto de su

2. Íbid.
3. Íbid.

tiempo a su familia y se entrega en las últimas horas del día a sus investigaciones y experiencias internas. Tiene conciencia de que, a no ser por esa vida familiar y social, podrían haberlo devorado sus fantasmas, a imitación de Nietzsche, de quien sigue siendo un ferviente lector: «Nietzsche había perdido el contacto con el suelo que tenía bajo sus pies –escribe–, porque no poseía ninguna otra cosa más que el mundo interior de sus pensamientos –mundo que, por otro lado, poseía a Nietzsche más de lo que Nietzsche lo poseía a él–».[4]

No obstante, esta crisis interna repercute también en la vida conyugal de Jung, y ello ya en 1908 (se casó en 1903). Aunque muy apegado a su familia, se abrirá a otras relaciones amorosas, que también desempeñarán un papel importante en su evolución intelectual. Mientras que su apego a su mujer y a la moral judeocristiana (por la que sigue estando marcado) lo incita a la monogamia, Jung queda profundamente desestabilizado por el encuentro con un extraño personaje: Otto Gross. Este, médico y psicoanalista, llega hasta Jung en 1908, de mano de Freud, quien se lo envía con el fin de que le ayude a curarse de su adicción a la cocaína. Anarquista, nietzscheano, enemigo jurado del patriarcado, Gross afirma que la civilización ha sofocado la fuerza vital creadora del ser humano: la sexualidad. Profesa que creer en la permanencia del sentimiento amoroso por una única persona durante una vida entera es una ilusión y que el exclusivismo sexual es una mentira. Preconiza la liberación sexual y el amor libre. Mientras que al inicio a Jung parece irritarle el personaje, progresivamente va trabando amistad con esa mente brillante y provocadora, y en mayo y junio de 1908 ambos se analizan mutuamente. Es muy probable que fuera por influencia de Gross por lo que, en ese mismo momento, Jung se embarcara en una aventura extraconyugal con una de sus antiguas pacientes, Sabina Spielrein. Esta joven judía de veintidós años, de origen ruso, posee una viva inteligencia al igual que un temperamento apasionado e histérico. Se enamoró locamente de Jung durante su terapia, que dio comienzo en 1904 y de la que no consta con total claridad que ya hubiera terminado cuando se inicia su relación íntima en 1908. Viven una intensa pasión intelectual y amorosa,

---

4. Íbid.

que inquieta tanto a la mujer de Jung, Emma, como a Sigmund Freud, el cual está en contacto epistolar con ambas mujeres y pide explicaciones a Jung. Después de su tratamiento y de esa relación (se separan porque Jung se niega a abandonar a su mujer), Sabina se hace médica y pionera del incipiente movimiento psicoanalítico. Introduce el psicoanálisis en Rusia, acuña el concepto de pulsión de muerte, que recogerá Freud, analiza al famoso pedagogo Jean Piaget y desarrolla la práctica psicoanalítica con los niños (tendrá una influencia determinante sobre Melanie Klein). Muere asesinada por los nazis en 1942. La historia de la pasión amorosa entre Carl Gustav Jung y Sabina Spielrein ha quedado relatada de manera muy fiel en la hermosa película de David Cronenberg *Un método peligroso,* interpretada por un reparto excepcional, con Keira Knightley en el papel de Spielrein, Michael Fassbender en el de Jung, Viggo Mortensen en el de Freud y Vincent Cassel en el de Gross.

Su relación con Sabina permite a Jung descubrir y asumir su naturaleza polígama: en el transcurso de su vida, tendrá varias relaciones con otras mujeres, sin procurar ocultárselas a su esposa o a sus amigos. Emma se resigna y acaba incluso aceptando la relación duradera que mantiene Jung con otra antigua paciente a partir de 1913: Antonia (Toni) Wolff. Más introvertida que Sabina, no por ello deja de ser Toni una mujer notablemente inteligente. También ella se hace terapeuta y se convierte en uno de los pilares del Club Psicológico de Zúrich, en cuyo seno irradia el pensamiento junguiano. Es una inspiradora para Jung y sigue siendo su amante (más atinado sería decir su segunda compañera) durante cuarenta años, hasta su muerte en 1953.

Pensamiento imaginativo y función transcendente

En *Transformaciones y símbolos de la libido,* Jung establece una distinción interesantísima entre dos tipos de pensamiento: el pensamiento dirigido y el pensamiento imaginativo. El pensamiento dirigido, racional y lógico, sirve de base al discurso científico. El pensamiento imaginativo, que procede mediante imágenes y asociaciones, es el propio del discurso mítico. El mito precedió a la ciencia durante milenios y, si bien el pensamiento dirigido es un reciente y valiosísimo avance, Jung está cada vez más convencido de que no debe ocultar ni desacreditar el pensamiento imaginativo, que también tiene sus virtudes y que continúa viviendo en nosotros a través del inconsciente colectivo. Asimismo, ha comprendido que podía activar símbolos y arquetipos sepultados en la psique mediante ejercicios particulares (explicito la noción de arquetipo en la pág. 177).

A finales de 1913, perfila un método, la imaginación activa, con el fin de producir un pensamiento imaginativo, es decir, de hacer emerger fantasmas (volveré sobre esta cuestión de manera más detallada en la pág. 198).

Jung se interroga sobre lo que hay que hacer con los materiales (visiones, palabras, dibujos, textos, etc.) que nos llegan durante estos ejercicios de pensamiento imaginativo. Se plantea dos caminos posibles: el de la conformación y el de la comprensión. La conformación artística favorece la emergencia de símbolos, como los mandalas, al tiempo que aporta una satisfacción estética que sosiega el alma. La comprensión, por su parte, aporta sentido: permite aprehender el lenguaje codificado y simbólico del inconsciente. Estos dos caminos son necesarios y complementarios, explica Jung, y en su intersección es donde emerge lo que él llama la «función transcendente», que le permite al yo recuperar las riendas y no quedar engullido por la pujanza del inconsciente liberado.

Los siete sermones a los muertos

Tras haber abierto las puertas de su inconsciente, Jung queda sumergido por una marea de sueños, de visiones y de voces interiores. Se le aparece regularmente un personaje, primero en sueños y luego en la imaginación, al que llama Filemón. Jung adivina que ese hombre imaginario es como una manifestación de su intuición:

Comprendí que había en mí una instancia que podía enunciar decires que yo no sabía, que yo no pensaba, incluso cosas que iban en contra de mí mismo. Psicológicamente hablando, Filemón plasmaba una inteligencia intuitiva de las cosas, superior a aquella de la que disponía el yo.[5]

Este personaje, o esta voz interior (a la que también llamará con humor su «gurú»), le enseña toda clase de cosas sobre el mundo y sobre la psique humana.

A principios del año 1916, cuando se está entregando plenamente a estas experiencias de imaginación activa, Jung experimenta «una imperiosa necesidad de dar una forma creadora a mi vivencia interior. Por así decir, se me obligó, desde el interior, a formular y expresar lo que en cierto modo habría podido ser dicho por Filemón».[6] Jung refiere que ese intenso momento de escritura fue precedido de episodios turbadores que agitaron a toda su casa, como si de pronto estuviera invadida de espíritus: dos de sus hijas ven una forma blanca atravesar su habitación; su hijo tiene un sueño simbólico angustioso y reclama unos lápices para dibujarlo; la campanilla de la puerta de entrada toca al vuelo sin que la accione nadie, etc. Desconcertado por estos extraños acontecimientos, Jung se pregunta: «En el nombre del cielo, ¿qué es esto?». Entonces, hubo como una respuesta a coro: «Nos volvemos de Jerusalén, donde no hemos encontrado lo que buscábamos». Estas palabras se corresponden con las primeras líneas de los «Siete sermones a los muertos». Entonces las palabras se pusieron a correr solas por el papel y, en tres veladas, la cosa quedó escrita. Apenas había comenzado yo a escribir, se desvaneció toda la cohorte de espíritus».[7] Este texto, escrito en tres noches, fluye sostenido en volandas por un estilo y un aliento de tipo profético.

Bajo el pseudónimo de Basílides (un pensador gnóstico del siglo II), Jung expresa en él la quintaesencia de su nueva comprensión espiritual del mundo. Volveré sobre su contenido en la segunda parte de este libro, al considerar la relación de Jung con lo sagrado y con la religión.

---

5. Íbid.
6. Íbid.
7. Íbid.

El Libro rojo

Este episodio es particularmente significativo del estado mental de Jung justo antes y durante la Primera Guerra Mundial, período intenso de confrontación con su inconsciente. Entre octubre de 1913 y julio de 1914, pasa doce sueños angustiosos, en los que ve, particularmente, mares de sangre y millares de víctimas. Buscando cómo conectar sus sueños con su vida personal, no comprende el sentido de éstos y cree haber perdido la razón, hasta que el estallido del conflicto, a finales de julio de 1914, le permite comprender que sus sueños anunciaban de manera premonitoria acontecimientos colectivos. Llevaba ya numerosos años sintiendo la necesidad de expresar sus sueños, sus estados anímicos, sus visiones interiores y la comprensión que de ellos tenía a través de escritos consignados en «los cuadernos negros» (llamados así debido a su encuadernación parda). A Jung, que también tenía dotes particulares para el dibujo y la pintura y había tomado clases cuando residió en París, le gustaba abocetar algunas de sus imaginaciones.

Ejecuta su primer mandala (imagen simbólica utilizada en el tantrismo hindú y budista como soporte de meditación) el 16 de enero de 1916, poco más o menos en el mismo momento en el que escribe *Los siete sermones a los muertos,* y dibujará muchos más entre junio y septiembre de 1917, cuando dirige el centro de internamiento británico de Château-d'Oex, dentro del contexto de sus obligaciones militares (Suiza no está implicada en la atroz guerra que a la sazón desgarra Europa, pero sí impone una especie de servicio militar a los varones). Entre diciembre de 1913 y abril de 1914, Jung vive una intensa confrontación con su inconsciente y escribe sus numerosas visiones en sus cuadernos negros. Después, durante un año entero, del verano de 1914 al verano de 1915, redacta comentarios e interpretaciones de esas visiones y realiza así un primer esbozo manuscrito (que también manda mecanografiar) de esa materia prima que tiene intención de caligrafiar y de ilustrar con dibujos y mandalas.

Empieza a aplicarse en este trabajo artístico ya en 1915, pero se percata de que el pergamino no resiste a la tinta. Encarga entonces a un impresor un gran libro *in-folio* encuadernado en piel de color rojo (de ahí el título que posteriormente se le dará de *Libro rojo*), en el que pega sus primeras páginas caligrafiadas.

Durante el invierno de 1917, Jung elabora un nuevo texto, que titula «Pruebas», en el que transcribe las visiones que ha tenido durante los años anteriores y escribe también los comentarios que dichas visiones le inspiran. Integra en él *Los siete sermones a los muertos*, pronunciados esta vez por Filemón. Así, *El Libro rojo* se compone de tres partes. El *Liber primus*, «La vía del porvenir», el *Liber secundus*, «Las imágenes de lo errante» y las «Pruebas», que constituyen una suerte de *Liber tertius*, aunque Jung no las denomine así. En total, hay treinta y cuatro capítulos ilustrados con ciento veintinueve dibujos y pinturas, de las que setenta y cuatro son imágenes grandes de página completa o de tercio de página. Esto es lo que llama la atención de entrada cuando uno abre *El Libro rojo:* la fuerza y la belleza de las ilustraciones. Jung caligrafía durante catorce años los cuadernos de su *Libro rojo,* pero en 1929 descubre la alquimia, a la que se consagrará en detrimento del *Libro rojo*. Aunque regrese a él en el final de su vida, la obra queda inconclusa y se interrumpe brutalmente en medio de una frase, en la palabra «posibilidad» (*Möglichkeit*).

En el lomo del libro, Jung había mandado grabar su título en latín: *Liber novus* (Libro nuevo). Este título es revelador de su intención de tantear un nuevo modo de escritura, que combina el relato de una visión interior, el comentario de ésta –como una especie de diálogo interior– y dibujos. Se trata de un libro que expresa no solamente un género nuevo (el diálogo ilustrado del consciente y del inconsciente), sino que tiene también la intención de posar una mirada nueva sobre el hombre y el mundo a través de los grandes temas que aborda: Dios, lo masculino y lo femenino, la conjunción de los opuestos, el alma, los símbolos, la locura y la guerra, el mito y la razón, etc. Jung, que gusta de jugar con las paradojas, concibe, pues, un libro profundamente innovador, ¡pero con la forma de un grimorio caligrafiado y pintado que parece provenir directamente de la Edad Media!

Dudó mucho tiempo sobre si mandarlo publicar, temiendo que ello perjudicara a sus trabajos científicos. Finalmente dejó la cuestión en suspenso y hasta el año 2000 no deciden sus herederos confiar su edición a Sonu Shamdasani, uno de los mejores especialistas de la obra de Jung, historiador de la psiquiatría y profesor en el University College de Londres. La edición inglesa aparece en 2009, seguida muy pronto por numerosas traducciones en el mundo entero. Publicada en 2011 por las Éditions de L'Iconoclaste y La Compagnie du Livre rouge, la edición francesa es llevada a buen término por Bertrand Éveno y traducida por Christine Maillard, entre otros. Este imponente y magnífico trabajo es aclamado por la prensa mundial como un acontecimiento editorial sin precedentes. Así, leemos en el *New York Times*: «Este libro es la obra capital de uno de los grandes pensadores de nuestro tiempo, que ha permanecido mucho tiempo en el estado de rumor secreto, al abrigo de su leyenda. Se trata de un libro excepcional que creeríamos procedente de la Edad Media». Y un crítico del diario italiano *La Repubblica* subraya con buen tino que «más que un monumento erigido al saber o más que un documento íntimo, *El Libro rojo* es la demostración de que los grandes pensadores pueden bordear dentro de sí mismos la sima de la locura sin que ésta, por hacerlo, los engulla».

Ya he traído a colación el hecho de que Jung había quedado profundamente marcado por *Así habló Zaratustra,* la obra maestra de Nietzsche, y la conciencia que tenía del peligro que corre uno de sumirse en la locura, como Nietzsche, cuando se abandona a sus visiones interiores sin anclaje suficiente en el mundo exterior. Tras la lectura del *Libro rojo,* uno no puede sino quedar impresionado, a la vista de su composición y de su estilo, por su parentesco con *Así habló Zaratustra.* De hecho, Jung lo estudió de nuevo con atención en noviembre de 1914 y no cabe duda alguna de que esta obra le influyó, tanto en el fondo como en la forma, para escribir su *Liber novus,* aunque en él profetiza más el retorno de lo divino al alma que la muerte de Dios. Eso es lo que subraya Sonu Shamdasani en su introducción al *Libro rojo:*

El tema central de la obra podría resumirse así: cómo Jung redescubre su alma y supera la desazón de nuestra época: la alienación espiritual. Acaba por lograrlo haciendo de su alma el lugar de renacimiento de un nuevo rostro de Dios, y desarrollando una visión nueva del mundo que adopta la forma de una cosmología psicológica y teológica. El *Liber novus* ofrece el primer prototipo de la concepción junguiana del proceso de individuación que él considera como la forma universal del desarrollo psicológico personal.[8]

La torre de Bollingen

Paralelamente a esta exploración del inconsciente y a esta actividad artística, Jung reanuda a partir de 1916 sus estudios científicos. Publica varios artículos notables en revistas médicas y prepara un trabajo capital sobre los tipos psicológicos, sobre el que volveré más adelante. Así pues, su personalidad número I ha vuelto a aflorar y viene a equilibrar las arriesgadas exploraciones de su personalidad número II. Jung tiene una clientela privada importante, y lleva una vida burguesa y familiar feliz en su gran residencia de Küsnacht, en la que cuatro personas trabajan a jornada completa para aliviar a la pareja Jung de las tareas materiales. Sin embargo, según las explicaciones que da él sobre este tema en su autobiografía, se siente aún insatisfecho:

> Gracias a mi denodado trabajo científico, conseguí poco a poco asentar en tierra firme mis imaginaciones y los contenidos del inconsciente. Palabras y papeles, no obstante, no tenían, a mis ojos, suficiente realidad: les hacía falta otra cosa más. En cierto modo, yo debía representar en piedra mis pensamientos más íntimos y mi propio saber, hacer en cierto modo una profesión de fe grabada en piedra.[9]

En 1922 compra un terreno en Bollingen, un lugar agreste invadido por los juncos y rodeado de montañas (otrora propiedad de la abadía de San Galo) situado en la ribera del lago superior de Zúrich, a unos treinta kilómetros de Küsnacht. Jung nació en Kesswil, en las orillas del lago de Constanza, y, por segunda vez en su vida, decide construir al borde del agua, lo cual no carece de sentido cuando se sabe que el agua en psicología simboliza las energías inconscientes y el

---

8. Sonu Shamdasani, «Introduction», en C. G. Jung, *Le Livre rouge*, L'Iconoclaste/ La Compagnie du Livre rouge, 2011, pág. 207.
9. *Recuerdos, sueños, pensamientos, op. cit.*

origen, dos dimensiones esenciales de su búsqueda. El agua remite a la matriz original, la vida intrauterina, la madre –Jung pierde a la suya en enero de 1923, en el momento en que está empezando a edificar, con sus propias manos, una torre de piedra en su terreno. Pero esa torre, por su redondez y su aspecto protector, reviste igualmente una dimensión maternal: «Ya desde el principio, la torre fue para mí un lugar de maduración –un seno materno o una forma maternal en la que de nuevo podía ser como soy, como fui y como seré–. La torre me daba la impresión de que yo renacía en la piedra. Veía en ella una realización de lo que anteriormente no era sino sospechado, una representación de la individuación».[10] Andando los años, Jung siente la necesidad de agrandar su propiedad en torno a esa torre, y finalmente lo que edifica es una especie de castillito de aire medieval, con ayuda de varios artesanos.

En este lugar es donde se siente más plenamente él mismo. Es ahí donde acude a reponer fuerzas tantas veces como puede y donde pasa la mayor parte del tiempo durante los últimos años de su vida. Hace vela y da paseos en barca por el lago. Gusta de permanecer sentado largos ratos sobre un peñasco al borde del agua, pescando o contemplando el paisaje. Parte él su propia leña, escribe, medita. En las paredes de los edificios, esculpe y pinta numerosos motivos de su mitología personal, en particular un fresco que representa a Filemón. En Bollingen, Jung intenta reencontrarse a sí mismo, pero también compartir momentos de intimidad con Toni Wolff, su segunda compañera, a la que considera como la encarnación del *anima* y con la que tiene una fortísima complicidad intelectual. Elige deliberadamente conservar un modo de vida rústico: «He renunciado a la electricidad y enciendo yo mismo la lumbre y la estufa. Por la noche, enciendo los viejos candiles. Tampoco hay agua corriente; tengo que ir yo mismo a la bomba. Parto la leña y guiso. Estos trabajos sencillos hacen sencillo al hombre y es muy difícil ser sencillo».[11]

---

10. Íbid.
11. Íbid.

5

UNA NUEVA GEOGRAFÍA DEL ALMA

A lo largo de las tres primeras décadas del siglo XX, Jung redefine en profundidad la psique humana. Al hilo de sus experiencias, de sus estudios y de sus descubrimientos, elabora una nueva geografía del alma en cuatro continentes: el yo consciente y sus orientaciones (los tipos psicológicos), el inconsciente personal, el inconsciente colectivo y el Sí-mismo. Utiliza deliberadamente la palabra «alma» porque entiende que así designa la «globalidad de la psique humana» a través de esas cuatro dimensiones. Pero eso es también para él una manera de tomar distancia respecto de la visión materialista que considera a la psique como algo que sólo compete a la materia: «La convicción moderna de la supremacía de lo físico conduce en última instancia a una *psicología sin alma,* es decir, a una psicología en la que lo psíquico no podría ser otra cosa que un efecto bioquímico».[1] Ahora bien, Jung recusa tanto la concepción metafísica tradicional de un alma substancial de origen divino que vendría a informar un cuerpo como la de los materialistas que afirman que el espíritu, al igual que el cuerpo, proviene de la materia. Se trata, según él, de dos posturas dogmáticas indemostrables. Está convencido de que el alma sigue siendo inasible, porque participa de dos realidades —la materia y el espíritu— que, en ultimísima instancia, se escapan de nuestro entendimiento. Mi añorado amigo Michel Cazenave, que fue editor de numerosos trabajos inéditos del psicólogo suizo en Albin Michel, intenta explicar así la finísima posición de Jung sobre esta cuestión:

---

1. *L'homme à la découverte de son âme,* Albin Michel, 1987, pág. 55.

El alma participa para Jung del mundo de la materia y del espíritu. Lo cual en modo alguno significa que fuera una simple mezcla de ambos: sino que, garantizando la unidad de ellos aun conservando las diferencias, asienta su propia realidad, propone su propio mundo, se ofrece como una especie de mundo intermediario cuyo órgano específico es el de un cuerpo sutil».[2]

La conciencia y el yo

«¿Qué es la conciencia? Ser consciente es percibir y reconocer el mundo exterior, así como a uno mismo en sus relaciones con ese mundo exterior»,[3] escribe Jung. En el centro de la conciencia está lo que llamamos el «yo». El yo es una suerte de mezcolanza compleja de sensaciones, de percepciones, de afectos,[4] de pensamientos, de recuerdos. Jung subraya la importancia de los afectos en la percepción que tenemos de nuestro yo: a través de nuestras emociones y nuestros sentimientos es como tenemos conciencia de nosotros mismos con más agudeza, y emite la hipótesis de que a través de un afecto es como el niño pequeño toma por primera vez conciencia de su yo (es decir, de que existe independientemente de su madre).

Jung también subraya tres cosas importantes a propósito del yo y de la conciencia. En primer lugar, la conciencia se caracteriza por cierta estrechez: sólo puede abarcar simultáneamente un pequeño número de representaciones. En segundo lugar, muy probablemente esté localizada en los hemisferios cerebrales (lo que, según él, no es el caso para el inconsciente). Finalmente, «la conciencia individual, o conciencia del yo, es una conquista tardía de la evolución. Su forma original es una simple conciencia de grupo».[5] En su larga historia, el ser humano ha tardado decenas de milenios en diferenciarse en tanto que individuo separa-

---

2. Michel Cazenave, «Avant-propos», en C. G. Jung, *Commentaire sur le Mystère de la Fleur d'Or*, Albin Michel, 1994, pág. 9.
3. *L'homme à la découverte de son âme*, *op. cit.*, pág. 104.
4. En un sentido psicológico, el término designa estados afectivos elementales o primarios. *(N. de la T.)*
5. *L'homme à la découverte de son âme*, *op. cit.*, pág. 71.

do del grupo, y todavía existen pueblos, subraya Jung, en los que la conciencia individual aún no ha aflorado, al igual que hay individuos, dentro del mundo moderno, que tienen una conciencia muy débil de sí mismos: «Numerosos son los seres que tan sólo son parcialmente conscientes; hasta entre los europeos muy civilizados se encuentran un número importante de sujetos anormalmente inconscientes, para los cuales gran parte de la vida transcurre de manera inconsciente».[6] Precisamente esta constatación es la que inspira a Jung su célebre proceso de individuación, sobre el que volveré más adelante, por el cual el individuo se convierte cada vez más en sí mismo, integrando en su conciencia buena parte de lo que en él está en estado inconsciente y opera sin que él lo sepa.

Los tipos psicológicos

Cuando todavía trabajaba con Freud, Jung ya se había interrogado sobre las razones a las que se debe que dos individuos inteligentes no vean la realidad de la misma manera. Se había planteado la pregunta a propósito de las desavenencias entre Freud y Adler, que, según él, reposaban esencialmente en el hecho de que Freud era de naturaleza extravertida y Adler de naturaleza introvertida. Así fue como se vio inducido en un primer momento a explorar esas dos tendencias psicológicas. En 1913, en el Congreso de Psicoanálisis de Múnich, defiende por primera vez la tesis según la cual la libido sería la sede de dos grandes tendencias: una de ellas empujaría al sujeto hacia su mundo interior (la introversión) y la otra hacia el mundo exterior (la extraversión). En cada individuo predomina una u otra tendencia, lo cual influye en su relación consigo mismo y en su visión del mundo. Profundizando en sus observaciones y en su reflexión sobre este tema, Jung expone que la conciencia no sólo está sometida a estas dos actitudes, sino que también utiliza cuatro funciones diferentes para aprehender su entorno: la sensación, la intuición, el pensamiento y el sentimiento. En su libro *Tipos psicológicos,* publicado en 1921, explicita estas cuatro funciones y sus relaciones.

---

6. Íbid, pág. 105.

La primera función es la sensación: a través de nuestros sentidos, percibimos el mundo exterior. La segunda es el pensamiento: una vez percibido el objeto, nos preguntamos qué es. El pensamiento trae consigo el conocimiento del objeto. Viene después la función del sentimiento, que le da un valor al objeto: ¿qué representa para mí? ¿Me gusta o no? ¿Siento deseo o repulsión hacia él? Finalmente, la función intuitiva nos permite conectar ese objeto con otros objetos y situarlo en el tiempo (impresiones ligadas al pasado o presentimientos ligados al futuro). Jung explica que la sensación y la intuición son dos funciones irracionales, mientras que el pensamiento y el sentimiento son racionales: evalúan, diferencian, juzgan y excluyen. «Al estar provistos de esas cuatro funciones de orientación que nos dicen si una cosa existe, lo que es, de dónde viene y adónde va y, finalmente, lo que representa para nosotros, estamos orientados dentro de nuestro espacio psíquico»,[7] explica.

Precisa a continuación que cada una de estas funciones tiene una energía específica, que no es la misma según los individuos, y que existe también en cada uno una función dominante. Hay quienes antes que nada son sensitivos, quienes se conectan de manera intensa al mundo exterior mediante sus sentidos y sus sentires emocionales. Otros son más intuitivos, y sienten las cosas de manera más difusa, pero las vinculan a otros objetos a través del tiempo. A otros los mueven sobre todo sus sentimientos, su atracción o su aversión por los objetos y los seres. Otros, finalmente, lo pasan todo por el tamiz del pensamiento: analizan, distinguen, procuran comprender. Nuestra dominante está ligada a nuestra naturaleza, a nuestro temperamento innato, pero también puede resultar de un esfuerzo de atención y de voluntad: yo puedo desarrollar y amplificar tal o tal otra función según lo que elija. Cuando decido concentrarme en un concierto y no ser nada más que oído, dirijo voluntariamente mi conciencia hacia la función sensación.

Jung precisa aún que entre las funciones existen ciertas incompatibilidades: la sensación se confronta a la intuición, mientras que el sentimiento se enfrenta al pensamiento. Es difícil, en efecto, estar al mismo tiempo en la captación borrosa, intuitiva, de un objeto y en su captación sensitiva, concreta, al igual que es difícil estar a la vez en el senti-

---

7. Íbid, pág. 108.

miento, que inquiere el valor de una cosa, y en el pensamiento, que procura analizarla objetivamente. Jung toma el ejemplo de alguien que tiene que diseccionar una rana para comprender su funcionamiento fisiológico: tiene que suspender sus sentimientos hacia la rana con el fin de llevar a buen término su experimento. Si bien es difícil utilizar al mismo tiempo dos funciones opuestas, no por ello significa esto que aquel que tiene una función dominante no utilice su función opuesta, que Jung califica como «inferior». Significa más bien que esa función opuesta será menos consciente, y por consiguiente más caótica y difícil de manejar para el yo. Por ejemplo, un individuo que tiene como dominante la función pensamiento no estará privado de afectos, pero sí vivirá la función sentimiento de manera más inconsciente y con frecuencia quedará sumergido por sus emociones o carecerá de discernimiento en sus elecciones afectivas, aun cuando dé muestras de él en cualquier otro ámbito. Mientras que la función dominante puede ser manejada con holgura por la atención y la voluntad, la función inferior obra sin que nos enteremos: no la dominamos; o sí, pero con dificultad.

Estas reflexiones conducen a Jung a representar las cuatro funciones en un círculo, en dos parejas opuestas: el yo está en el centro, la función dominante, arriba, la función opuesta, abajo y las otras dos funciones están encaradas en el eje horizontal.

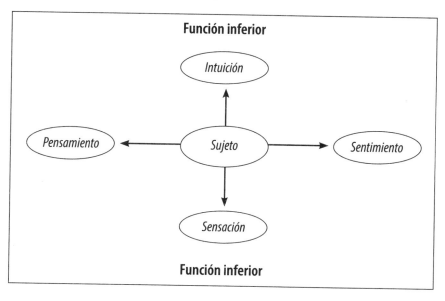

Función inferior

Intuición

Pensamiento ← Sujeto → Sentimiento

Sensación

Función inferior

Por ejemplo, si un individuo tiene la intuición como función dominante, la representaremos en la parte alta del eje vertical y pondremos la sensación en la parte baja de ese mismo eje. Después colocaremos el pensamiento y el sentimiento frente a frente en el eje horizontal. El yo suele poner al servicio de la función principal las dos funciones situadas en el eje horizontal (que no son ni dominantes ni inferiores).

Asociando estas cuatro funciones a las dos tendencias ya mencionadas (extraversión/introversión), se llega a una tipología bastante elaborada del yo. El tipo «pensamiento-extravertido», cuyo prototipo es Charles Darwin, corresponde a las mentes abiertas, curiosas de todo, que amontonan hechos y los ordenan. A la inversa, el tipo «pensamiento-introvertido», del que Emmanuel Kant es un buen representante, es más taciturno y orienta su reflexión hacia el conocimiento de sí mismo o a través de la formulación de las ideas. El tipo «sentimiento-extravertido», del que es buen ejemplo Marilyn Monroe, es muy sociable, se encuentra cómodo en todo lugar y es generoso, pero pueden faltarle profundidad o constancia, mientras que el tipo «sentimiento-introvertido», Vincent van Gogh por ejemplo, es muy profundo y está orientado hacia la observación de sus emociones y de sus estados anímicos, pero es menos adaptable y más proclive al repliegue sobre sí mismo. El tipo «sensación-extravertido» es el perfecto hedonista, como Casanova, que sabe gozar de la vida con todos sus sentidos, mientras que el tipo «sensación-intravertido» está más orientado hacia la sensación que hacia el objeto: es éste el caso de numerosos músicos, como Schubert o Chopin. El tipo «intuición-extravertido» es un visionario en la búsqueda incesante de la novedad, como los grandes creadores de moda, mientras que el tipo «intuición-introvertido» es también un visionario, pero más místico, soñador, lunático, como numerosos pintores y poetas, por ejemplo Paul Verlaine o William Blake.

Advierte Jung de que estos tipos psicológicos no deben convertirse en etiquetas reductoras ni encerrar a los individuos en categorías petrificadas, pero sí pueden ser herramientas valiosísimas para conocernos mejor y, sobre todo, para aprehender mejor la dificultad que tenemos para comprender a los demás. Una vez que hemos percibido, por ejemplo, que nuestro cónyuge es de tipo pensamiento-introvertido, mientras que nosotros somos de tipo sentimiento-extravertido, eso puede ayudarnos a comprender no pocos de los malentendidos y de las divergencias de actitud en el día a día, sin hostilidad ni juicio. Este modelo tuvo una gran influencia en grafología y en las teorías gerenciales, a través del Myers-Briggs Type Indicator y la visión sociónica, es decir la teoría desarrollada en los años 1970-1980 que vincula los diferentes aspectos de la información con los diferentes tipos psicológicos. Asimismo, el modelo permite comprender, como había presentado Jung a propósito de las divergencias entre Freud y Adler, que «todo juicio de un hombre está limitado por su tipo personal y que toda manera de ver es relativa».[8] Esta verdad profunda se me manifestó con mucha rapidez durante mis estudios de filosofía: cada uno filosofa a partir de su sensibilidad, de su tipo psíquico específico. No es casualidad si temperamentos optimistas y alegres, como Montaigne o Spinoza, desarrollaran una filosofía del gozo, mientras que personalidades atormentadas y pesimistas, como Schopenhauer y Cioran, miraran la vida con ojos sombríos. Ésta es la razón por la que la filosofía nunca podrá ser una ciencia objetiva, a diferencia de las matemáticas o de la física. A pesar del carácter universal de la razón, en el que creo totalmente y que sigue siendo la herramienta principal de la actividad filosófica, la subjetividad del filósofo casi siempre influye en su visión del mundo y en su argumentación.

El inconsciente personal: Entre pasado y futuro

Aun sin haber utilizado nunca el término, Spinoza es sin duda el primer pensador en subrayar que la mayoría de nuestros actos son fruto de nuestro inconsciente, puesto que no tenemos conocimiento alguno de las auténticas causas que los motivan. Schopenhauer recogerá esta idea, pero es en Carus y en von Hartmann donde encontraremos por primera vez la palabra y el concepto de inconsciente, el cual será ampliamente desarrollado y enriquecido por Freud a finales del siglo XIX y a principios del siglo XX. El recentísimo descubrimiento de esa psique extraconsciente relativiza la posición de la conciencia y del yo,

---

8. *Recuerdos, sueños, pensamientos, op. cit.*

que hasta ahí era absoluta. Aunque siga siendo el centro de la personalidad, el yo ya no es su totalidad y en parte es dependiente del inconsciente. Jung explica que el término que recubre esta realidad psíquica insondable solamente puede ser negativo, cosa que también dice Kant de los númenes, esas «cosas en sí», que son «conceptos límite puramente negativos».[9]

Hemos visto que Jung se rompió con la posición freudiana sobre el contenido del inconsciente personal: éste, para él, no es solamente un depósito de recuerdos traumáticos y de deseos reprimidos del yo consciente; también es creativo y fuente de inspiración. Nos ilumina a veces respecto a las vías que debemos tomar o a las cosas que buscamos, mediante sueños, lapsus, la reaparición de recuerdos sepultados, etc. Jung toma el ejemplo de la criptomnesia del escritor. Mientras éste está escribiendo su texto, de pronto le viene a la mente una idea. Piensa que es de él, cuando su inconsciente ha hecho que vuelva a emerger a su conciencia el recuerdo de un libro o de una historia que leyó hace mucho tiempo, que había olvidado y que, muy a propósito, le proporciona la idea que buscaba para hacer progresar su intriga. La mayoría de las veces, el autor no establece la conexión con esa lectura antigua, y son los demás los que, tras la lectura de su texto, pensarán que ha plagiado tal obra o se ha inspirado voluntariamente en ella, cuando se trata de la reaparición de un recuerdo oculto. Jung refiere un ejemplo de criptomnesia en el *Zaratustra* de Nietzsche, en el que el filósofo escribe casi palabra por palabra un incidente consignado en la bitácora de un barco, fechado en 1686.

Jung había leído la reseña de ese incidente en una obra publicada en 1835, o sea, medio siglo antes de que Nietzsche escribiera su libro. Entonces, se puso en contacto con la hermana del filósofo, quien le confirmó que ellos habían leído esa misma obra de pequeños, cuando Nietzsche tenía unos once años.

Lo mismo puede, por supuesto, ocurrirle a un músico, que muchas veces tararea una melodía sin recordar que la oyó de niño en una canción popular o una tonada folclórica, o a un cocinero que cree estar creando una nueva receta que de niño le había visto hacer a su abuela:

---

9. Emmanuel Kant, *Crítica de la razón pura*, II, I, 2, 3.

una idea o una imagen ha vuelto a pasar del inconsciente al consciente porque a nosotros nos hacía falta.

Jung subraya otro punto capital:

Al igual que los contenidos conscientes de nuestra mente pueden desaparecer en el interior del inconsciente, pueden emerger de él nuevos contenidos que nunca han sido conscientes [...]. El descubrimiento de que el inconsciente no es solamente el simple depositario de nuestro pasado, sino que también está lleno de gérmenes de situaciones psíquicas y de ideas por venir, determinó la novedad de mi propia actitud respecto a la psicología.[10]

Jung recuerda así, con justa razón, que no pocos descubrimientos intelectuales, científicos o artísticos, surgieron de inspiraciones repentinas proporcionadas por el inconsciente, como el célebre sueño de Descartes, que le reveló en un fogonazo el orden de las ciencias, o el del novelista Robert Louis Stevenson, que le inspiró la intriga de su famosa novela *El extraño caso del Dr. Jekyll y Mr. Hyde*. Ideas totalmente nuevas, que serán calificadas de «geniales», nos son así proporcionadas por el inconsciente. Jung llega incluso hasta a afirmar, a partir de sus numerosas experiencias personales y observaciones, que nuestro inconsciente puede conocer, siquiera parcialmente, acontecimientos aún no acontecidos: «Cabe perfectamente pensar que solamente está encerrado en el tiempo y el espacio aquello que llamamos "conciencia", mientras que la parte restante del alma [...] se encuentra en un estado de relativa atemporalidad y aespacialidad».[11] Ésta es la razón por la que nuestro inconsciente personal puede conocer acontecimientos de nuestro futuro y transmitírselos a nuestra conciencia, por ejemplo en forma de sueños premonitorios. Jung tuvo muchos, que afectaban tanto a su vida personal como a la vida colectiva, como los que anunciaban la guerra del 1914-1918 a los que me referí más arriba. Esto explicaría también cómo ciertas personas, hombres o mujeres, a las

---

10. *El hombre y sus símbolos, op. cit.*
11. Carta del 10 de enero de 1939 al pastor Fritz Pfäfflin, en *Le Divin dans l'homme*, Albin Michel, 1999, pág. 27.

que comúnmente llamamos «videntes», dotadas de facultades particulares que les permiten conectar su inconsciente al de los demás, podrían prever ciertos acontecimientos.

El inconsciente colectivo

El segundo gran descubrimiento de Jung en lo que se refiere a la psique, y sin duda el que más contribuirá a su nombradía, es que existe en todo individuo un inconsciente con contenidos impersonales, es decir colectivos. Si bien el consciente y el inconsciente personal se van construyendo al hilo de una vida, el inconsciente colectivo, por su parte, se hereda. No nacemos con un cerebro virgen, sino con un cerebro que ha conservado las huellas de la historia de los millones de generaciones de seres humanos que nos han precedido.

> Reconocer hasta qué inaudito grado son diferentes unas de otras las almas humanas fue una de las experiencias que más me conmocionaron en mi vida –escribe Jung–. [...] Pero, a despecho de toda nuestra conciencia individual, no por ello deja ésta de perpetuarse de manera menos inamovible en el seno del *inconsciente colectivo,* comparable a un mar por el que bogase la conciencia del yo, semejante a un barco. Por eso no ha desaparecido nada o casi nada del mundo psíquico original.[12]

Los contenidos de este inconsciente colectivo nos han llegado a través de los mitos, los cuentos, los relatos y los ritos religiosos antiguos. Son el fruto de emociones poderosas –alegría, miedo, angustia, amor– sentidas por los primeros humanos ante la fuerza de la naturaleza y el misterio de la vida y de la muerte.

Desde la infancia, Jung tiene sueños en los que a veces aparecen símbolos mitológicos, de los que descubrirá mucho más tarde que se trata de representaciones religiosas procedentes del mundo antiguo. Siendo ya médico, observa el mismo fenómeno en ciertos pacientes y publica un estudio sobre el caso de una persona esquizofrénica que

---

12. *L'homme à la découverte de son âme, op. cit.*, pág. 73.

veía una imagen similar a una representación religiosa antiquísima (un tubo en el sol que engendra el viento) descrita en un texto aún no publicado en aquella época. La psique colectiva es el tema central de su primera obra capital, *Transformaciones y símbolos de la libido* (1912), que precipitará su ruptura con Freud. Se trata del largo comentario de un notable caso clínico, el de una joven estadounidense, Miss Miller, relatado en un artículo publicado en 1906 por el psiquiatra Théodore Flournoy. A Jung le intrigan las numerosas referencias mitológicas que aparecen en los sueños y las imaginaciones de esa paciente, tanto más cuanto que en el mismo momento lee, en *Humano, demasiado humano,* un pensamiento de Nietzsche que le inspira en el más alto grado: «En el dormir y en el soñar, rehacemos una vez más la tarea de la humanidad anterior», y que él comprende así: «Al igual que nuestros cuerpos conservan en numerosos órganos los restos de antiguas funciones y de antiguos estados, así mismo nuestra mente [...] sigue llevando en ella las marcas de la evolución recorrida y repite el pasado lejano, cuando menos en sus sueños y fantasías».[13] Al analizar la riqueza del contenido simbólico universal de los sueños y los poemas de Miss Miller, Jung está convencido de que esta paciente, como sucede en numerosos casos de locura, ha sido engullida por su inconsciente colectivo, cuyo carácter mitológico y universal ignoraba por completo. Ésta es la razón por la cual en lo sucesivo se le mostrará como algo esencial el aprender a contener y a desencriptar el aflojamiento de los estratos filogenéticos del inconsciente, ya sea este espontáneo o provocado por la imaginación activa. En otras palabras, lo problemático no es la liberación de esos símbolos universales (a los que en lo sucesivo Jung denominará «arquetipos») en el interior de la psique, sino la actitud del sujeto que debe aprender a integrar ese contenido en su visión personal del mundo, so pena de caer en la neurosis, o incluso en la psicosis. Ahora bien, una vez integrado en la conciencia, este material colectivo toma parte en el crecimiento del ser, que alcanza de este modo una mayor completitud.

---

13. Introducción a *Transformaciones y símbolos de la libido*. Ediciones Paidós, Buenos Aires, 1953.

El Sí-mismo

En 1921, en *Tipos psicológicos,* aparece en la geografía del alma humana dibujada de nuevo por Jung un cuarto elemento de la psique: el Sí-mismo.

Pero, dado que el yo no es sino el centro del campo conciencial, no se confunde con la totalidad de la psique; no es más que un aglomerado entre muchos otros. Así pues, cabe distinguir entre el yo y el Sí-mismo, siendo el yo tan sólo el sujeto de mi conciencia, mientras que el Sí-mismo es el sujeto de la totalidad, incluido el inconsciente. En este sentido, el Sí-mismo sería una magnitud (conceptual) que incluye el yo dentro de ella. Se muestra con frecuencia en la imaginación inconsciente adoptando el aspecto de una personalidad superior o ideal, algo así como el Fausto de Goethe o el Zaratustra de Nietzsche.[14]

Término tomado de la filosofía hindú de los *Upanishads,* el Sí-mismo representa, pues, el centro de la totalidad del alma (conciencia, inconsciente personal e inconsciente colectivo), al igual que el yo es el centro de la conciencia. Es también su principio rector, el guía. Jung, no obstante, se mantiene prudente respecto al préstamo de este concepto que toma de la metafísica india:

La India es «prepsicológica», es decir que al hablar del «Sí-mismo», lo instaura. La psicología *no* hace otro tanto. [...] En lo que atañe al Sí-mismo, se reserva la pobreza o el tesoro de no saber. Nosotros, ciertamente, conocemos una fenomenología del Sí-mismo, singular y paradójica, pero somos conscientes de que nuestros medios para conocer un objeto desconocido son limitados y de que lo expresamos mediante estructuras psíquicas de las que ignoramos si son adecuadas o no a la naturaleza del objeto que se trata de conocer.[15]

---

14. *Tipos psicológicos 6.* Editorial Trotta, Madrid, 2013.
15. «A propósito del personaje del santo en India», en *Psicología de la religión oriental, op. cit.*

Volveré ampliamente sobre este concepto a propósito del principio de individuación, del que es la clave de bóveda.

El diálogo del consciente y del inconsciente

Jung constata que el consciente y el inconsciente rara vez hacen coincidir por completo sus contenidos y sus tendencias. De hecho, el inconsciente se comporta, frente a la conciencia, según un modo de compensación o de complementariedad. Jung realiza también la constatación de una cesura cada vez más grande en el hombre moderno entre el consciente y el inconsciente, fuente de neurosis y de psicosis. Mientras que el hombre primitivo estaba, seguramente, demasiado sometido a su inconsciente y a una conciencia de grupo, el hombre moderno, en cierto modo, se ha pasado al otro extremo. «Este carácter firme y orientado del consciente es una adquisición extremadamente valiosa que la humanidad ha obtenido al precio de los mayores sacrificios y que, a su vez, ha prestado los mayores servicios a la humanidad. De no ser por él, la ciencia, la técnica y la civilización simplemente serían imposibles, porque todas ellas suponen la durabilidad, la regularidad y la orientación hacia una meta del proceso psíquico»,[16] escribe Jung.

Pero añade que esa ventaja presenta también un gran inconveniente, el de excluir todos los elementos psíquicos que corran el riesgo de torcer la dirección elegida:

Nuestra vida civilizada de hoy exige una actividad consciente concentrada y orientada, lo cual consiguientemente constela el riesgo de un corte radical con el inconsciente. Cuanto más queremos alejarnos del inconsciente mediante un funcionamiento orientado, más posibilidades tenemos de crearnos una posición contraria, la cual, cuando haga irrupción, puede tener enojosas consecuencias.[17]

---

16. *L'Âme et le Soi. Renaissance et individuation*, Albin Michel, 1990, pág. 152.
17. Íbid., pág. 154.

Con el fin de reducir ese corte entre consciente e inconsciente, Jung no dejó de interrogarse sobre la manera de establecer un diálogo entre ambos. Hemos visto con anterioridad que esto puede ser el fruto de un proceso activo que permite despertar la función transcendente. Ésta está, pues, en el corazón de la dialéctica del yo y del inconsciente, y Jung desarrolló un método introspectivo que tenía como objetivo suspender el juicio consciente, con el fin de favorecer la emergencia de contenidos inconscientes del pensamiento. Este método se lo aplicará a sí mismo durante todo su período de confrontación con su inconsciente y la elaboración del *Libro rojo,* pero también se lo enseñará a numerosos de sus pacientes, con el fin de ayudarlos a desarrollar su propio proceso de individuación. Así y todo, nos pone en guardia contra los peligros que esto puede representar e invita a que se realice una supervisión por parte de un terapeuta. Porque, una vez más, es necesario que el yo consciente no quede engullido por la potencia del inconsciente, so pena de disociación psíquica, cuya manifestación más deletérea es la esquizofrenia y a la que Jung define como «un "rebajamiento del nivel mental" caracterizado, el cual, por una parte, suprime la inhibición normal ejercida por la conciencia y, por lo mismo, por otra parte, dispara la libre actuación de las dominantes inconscientes».[18] Así pues, para la mayoría de las personas, el tratamiento analítico es el marco más apropiado para desgajar los contenidos del inconsciente e integrarlos a la conciencia.

El tratamiento analítico, la transferencia y la sombra

Ya en los años 1912-1913, Jung desarrolló un método terapéutico un poco diferente del propuesto por Freud y al que llama «psicología analítica», para distinguirlo del psicoanálisis. En lugar de la posición tendida en el diván, él prefiere un cara a cara «mirándose a los ojos» entre el paciente y el terapeuta. Éste no debe ser un simple escuchador, ni tener una posición dominante de «el que sabe», sino que debe confrontar su

---

18. «Comentario psicológico del *Bardo-Thödol*», ie *Psicología de la religión oriental, op. cit.*

punto de vista con el del paciente y no necesariamente procurar el disimulo de sus afectos. La interpretación de los sueños, si bien sigue siendo una inestimable herramienta de diálogo entre el consciente y el inconsciente, ya no pasa por el método de libre asociación preconizado por Freud, que, según Jung, aleja demasiado la interpretación del material inicial del sueño. Se trata más bien de confrontarse con las imágenes propuestas por el sueño y extraer de ellas, en un diálogo entre el paciente y el terapeuta, una interpretación significante y aclaradora, sin ningún esquema preestablecido. Jung insiste con frecuencia en la imperiosa necesidad para el terapeuta de adaptarse a cada individuo, lo cual también implica una gran flexibilidad del juicio moral. «Solamente conocemos la superficie de las cosas y el aspecto en el que se nos muestran; esto debe llevarnos a ser muy modestos. Con mucha frecuencia me ha ocurrido que he querido eliminar una tendencia, en mi opinión absolutamente perniciosa, en un enfermo, y que después he constatado que éste, en un sentido más profundo, hacía bien en seguirla».[19]

Un elemento esencial de la terapia es la *transferencia*: «La cuestión central, el problema principal de la psicología médica es el problema de la transferencia. En esto, Freud y yo estábamos en perfecto acuerdo».[20] Freud mostró, en efecto, que los contenidos inconscientes, en un primer momento, siempre se proyectan, en especial sobre personas. Es muy frecuente la proyección sobre los padres, y ésta es la razón por la cual el paciente muchas veces reproduce, de manera inconsciente, esta proyección con su terapeuta. Así, el paciente efectúa una transferencia sobre el terapeuta: éste, para él, representa a otro (las más de las veces a uno de los padres). La transferencia forma parte de la terapia, porque es portadora de una poderosísima energía que permite reactivar la problemática inconsciente e intentar así desactivarla haciéndola consciente.[21]

A este respecto refiere Jung una de sus primeras experiencias de transferencia, cuando él era un médico joven, que fue tan potente que los testigos creyeron en una curación «milagrosa» de su paciente:

---

19. «El bien y el mal en la psicología analítica», en íbid.
20. *Recuerdos, sueños, pensamientos, op. cit.*
21. Véase, sobre este tema, *La psicología de la transferencia: esclarecida por medio de una serie de imágenes de la alquimia; para médicos y psicólogos prácticos.* Ediciones Paidós Ibérica, 2011.

Recuerdo el caso de una mujer de sesenta años que llevaba diecisiete años andando con muletas debido a un dolor inexplicable en la rodilla izquierda. Esto era en la época en la que yo dirigía la clínica de Forel para el tratamiento por hipnosis y sugestión, antes de la Primera Guerra Mundial. No bien le hube dicho que la iba a hipnotizar, cayó sin que yo hiciera nada en un sonambulismo hipnótico del que me costó sobremanera despertarla. Cuando volvió en su acuerdo, se puso en pie de un salto y exclamó: "Estoy curada". Cuando la persona que la acompañaba quiso alcanzarle las muletas, las rechazó y echó a andar triunfalmente hasta ella sin apoyos. Mis alumnos quedaron muy impresionados por este "milagro". La razón de esta curación era que esta mujer tenía un hijo en el que había focalizado todas sus ambiciones, pero que se había vuelto enfermo mental y se encontraba precisamente en la clínica dentro de mi sección, cosa que yo ignoraba, porque en el ínterin ella se había vuelto a casar y llevaba otro apellido. La mujer había descubierto en mí a su hijo coronado de éxito, de ahí su transferencia sobre mí. La curación era una demostración en mi favor, *ad majorem gloriam filii*. Así podía abandonar los dolores de su neurosis a cambio de la felicidad de esa transferencia.[22]

Jung también insiste en la cuestión de la sombra, que, durante el tratamiento analítico, moviliza mecanismos de proyección: "Durante el tratamiento psicológico, la relación dialéctica encamina lógicamente al paciente hacia una confrontación con su sombra, esa mitad oscura del alma, de la que desde siempre nos hemos desembarazado por medio de las proyecciones: ya sea que le echemos encima al prójimo todos los vicios que, manifiestamente, tenemos nosotros, o que transfiramos nuestros pecados a un mediador divino utilizando el medio de la contrición».[23] La relación de confianza establecida entre el terapeuta y el paciente permite a este último atravesar su sombra, reconocer y aceptar lo tenebroso que porta en él, y lo único que puede hacer el terapeuta, explica Jung, es acompañarle sin ningún juicio moral, con amor, con el fin de que pueda amarse también él mismo, incluso en su

22. Carta del 17 de abril de 1959 al Dr. Wilhelm Bitter, en *Le Divin dans l'homme, op. cit.,* pág. 484.

23. *Psicología y alquimia, op. cit.*

dimensión oscura: «El amor que profesamos al hombre le hace mejor, el odio le hace peor, incluso cuando ese hombre somos nosotros mismos».[24] Volveré más adelante (pág. 166) sobre esta cuestión de la sombra.

Sea cual sea el método utilizado, para Jung es esencial que se restablezca ese diálogo interior entre yo consciente e inconsciente, tanto personal como colectivo, no solamente para que nos realicemos como individuos completos, sino también para que estemos en mejores condiciones de dialogar con los demás y de comprenderlos en su respectiva diferencia. Porque ¿cómo podríamos estar a la escucha de los demás y en paz con ellos si somos incapaces de establecer un diálogo y una armonía entre las diferentes instancias de nuestra propia psique? «Es aterrador ver cuán poco capaz es el hombre de acoger el argumento del otro, aunque esta capacidad sea una condición fundamental e indispensable de toda comunidad –escribe Jung–. Es una dificultad general con la que tiene que contar todo individuo que proyecte semejante confrontación consigo mismo. Al igual que no deja expresarse a los demás, no le reconoce al "otro" que hay dentro de él el derecho a la existencia. La aptitud para la objetividad exterior se mide por la aptitud para el diálogo interno».[25]

24. Íbid.
25. *L'Âme et le Soi, op. cit.*, pág. 175.

6

ORIENTE Y ALQUIMIA

Después de un decenio de confrontación con su inconsciente, Jung siente a principios de la década de 1920 la necesidad, esta vez, de abrirse al mundo exterior y de confrontarse con él. Multiplica las conferencias y los seminarios en Europa y en Estados Unidos, efectúa algunos grandes viajes a países no occidentales y descubre la filosofía budista, así como el pensamiento chino y la alquimia taoísta, y más tarde la medieval, que confirman algunos de sus descubrimientos sobre el inconsciente y le abren nuevas perspectivas.

Hacia el descubrimiento de las demás culturas del mundo

Inmediatamente después de la Primera Guerra Mundial, cuando está empezando a salir de su período de desorientación interior, Jung decide descubrir otras culturas que no sean las de Occidente. Ya viene apasionándose desde hace bastantes años por las civilizaciones antiguas, pero ahora anhela entrar en contacto directo con hombres y mujeres que viven o piensan de otra manera distinta que el europeo o el estadounidense, sumidos en la racionalidad lógica y casi enteramente orientados hacia el mundo material.

En la primavera de 1920, va a Túnez, pasando por Argel. Durante varias semanas visita Túnez capital y Susa, y luego se dirige a lomos de mula a los oasis del sur, en especial a Tozeur. Lo conmueven profundamente esas mareas de olores y de colores nuevos, así como esa sensación, tan dulce y alejada de sus costumbres europeas, del tiempo que se desacelera. Se deja vivir en el momento presente, paladea uno a uno los descubrimientos, los placeres menudos, y tiene el sentimiento de recuperar el tiempo de su infancia. Observa la sociedad musulmana, que le parece estar fundada sobre el *eros,* principio afectivo de relación, a diferencia de la religión cristiana, más fundada sobre el *logos,* principio más racional de diferenciación. Consciente de que la barrera lingüística le impide ir más allá en su descubrimiento de la cultura musulmana, no procura ahondar en esta cuestión, pero regresa a Europa fuertemente impresionado por ese primer viaje fuera del mundo occidental.

Unos años más tarde, responde a la invitación de un amigo estadounidense de ir a Nuevo México, con el fin de conocer a varios indios pueblo. Jung celebra largas conversaciones en inglés (habla y escribe con soltura el alemán, el francés y el inglés) con uno de sus jefes, Ochwiay Biano, nombre que significa «Lago de las montañas». Es el primer diálogo en profundidad que puede tener de tú a tú con un no occidental. Queda particularmente impresionado por una conversación que refiere en su autobiografía:

«Los blancos siempre están deseando algo, siempre están inquietos, no conocen el descanso», decía Ochwiay Biano. «Nosotros no sabemos lo que quieren. ¡Nosotros no los comprendemos, creemos que están locos!». Le pregunté por qué pensaba que los blancos estaban todos locos. Me replicó: «dicen que piensan con la cabeza». «¡Pues naturalmente! ¿Con qué piensas tú?», pregunté, sorprendido. «Nosotros pensamos aquí», dijo, indicando su corazón. Yo quedé sumido en una profunda reflexión. Por primera vez en mi vida, alguien me había dado una imagen del auténtico hombre blanco. […] Lo que para nosotros se designa como colonización, misión entre paganos, expansión de la civilización, etc., tiene también otro rostro, rostro de ave de presa cruelmente tenso, acechando su próxima víctima, rostro digno de una raza de saqueadores y de piratas. Todas las águilas y otros animales rapaces que adornan nuestros escudos heráldicos se me aparecieron como los representantes psicológicos apropiados de nuestra auténtica naturaleza.[1]

---

1. *Recuerdos, sueños, pensamientos, op. cit.*

Otra declaración de ese jefe indio intriga profundamente a Jung: es la afirmación de que la función religiosa esencial de su pueblo consiste, mediante rituales y plegarias, en ayudar al sol (al que veneran como a un dios) a levantarse todos los días y a atravesar el cielo hasta que se acuesta. Jung queda desconcertado: nunca ha visto o leído nada semejante en la historia de las religiones. Sí ha visto siempre que todos los pueblos, a través del tiempo y del espacio, hacen peticiones a los dioses y procuran obtener favores a través de los ritos y las rogativas, pero, en cambio, nunca ha leído que Dios o los dioses pudieran necesitar ayuda de los humanos. ¿Puede tener sentido esta concepción cuando menos extraña? Esta pregunta continúa madurando en él, y será un poco más tarde, en el transcurso de un nuevo viaje a África, cuando una respuesta luminosa le atraviese la mente.

Entre el otoño de 1925 y la primavera de 1926, Jung efectúa un viaje de casi seis meses a África: de Kenia a Egipto pasando por Uganda y Sudán. Gran parte del viaje se hace a pie y su encuentro con la inmensidad de la sabana africana provoca en él un hondo impacto. Contempla los rebaños de antílopes, de cebras, de ñus y de gacelas, y de pronto queda sobrecogido por un pensamiento y una emoción profunda:

Era el silencio del inicio eterno, el mundo como siempre había sido en el estado de no-ser; porque hasta una época muy reciente allí no había nadie para saber que era «este mundo». Me alejé de mis compañeros hasta perderlos de vista. Tenía el sentimiento de estar totalmente solo. En ese momento era yo el primer hombre que sabía que aquello era el mundo, y que sólo entonces él, con su conocimiento, acababa de crearlo de verdad. Ahí fue donde se me apareció con deslumbrante claridad el valor cósmico de la conciencia: *Quod natura relinquit imperfectum, ars perficit* [Lo que la naturaleza deja imperfecto, lo perfecciona el arte], se dice en la alquimia. El hombre, yo, en un acto invisible de creación, he llevado el mundo a su realización al conferirle existencia objetiva.[2]

Jung se acuerda en ese momento de sus conversaciones con el jefe de los indios pueblo y de esa convicción que éstos tenían de serle útiles a su padre el Sol:

---

2. Íbid.

Yo había envidiado en ellos esa plenitud de sentido, y había buscado sin esperanza nuestro propio mito. Ahora lo aprehendía, y sabía además que el hombre es indispensable para la perfección de la creación; que, más aún, es él mismo el segundo creador del mundo; el hombre le da a éste por primera vez el ser objetivo, sin el cual, jamás oído, jamás visto, devorando en silencio, pariendo, muriendo, sacudiendo la cabeza durante cientos de millones de años, el mundo se desenvolvería en la noche más profunda del no ser para alcanzar un final indeterminado. La conciencia humana, la primera, creó la existencia objetiva y la significación, y así fue como el hombre encontró su indispensable lugar en el gran proceso del ser.[3]

Quedé particularmente conmovido cuando leí estas líneas por primera vez, allá por mis quince o dieciséis años, porque es algo que yo mismo había sentido, dado que siempre he sido muy sensible a la belleza del mundo. Yo me había hecho esa misma reflexión de que la elegancia y el perfume de las flores, la magia de la bóveda celeste o de una puesta de sol sobre el mar adquirían todo su sentido cuando un ser podía admirarlos con plena conciencia y sentir al hacerlo gozo y amor.

Unos diez años más tarde, Jung hará otros viajes a lugares lejanos, en especial a la India y a Palestina, pero estos tres primeros viajes serán los que más lo marquen y los que más influencia tengan en su visión del mundo.

Descubrimiento del Oriente

Su visión del mundo, con todo, ya se había ensanchado con el descubrimiento intelectual que había hecho de las filosofías y espiritualidades orientales a través de los doctos estudios publicados y de las traducciones de los grandes textos de la India. En *Transformaciones y símbolos de la libido* (Ediciones Paidós, Buenos Aires, 1953), Jung se abre a comentarios psicológicos de ciertos pasajes del *Rig Veda* y de los *Upanishads,* esos escritos fundacionales del hinduismo. Refiere también en su autobiografía que, durante la Primera Guerra Mundial, cuando estaba

---

3. Íbid.

sobrepasado de emociones, practicaba el yoga con el fin de recuperar la serenidad interior y de proseguir la confrontación con su inconsciente. Pero fue sobre todo a partir de finales de la década de 1920 cuando profundizó en su descubrimiento de las filosofías orientales a través de varios encuentros con eminentes especialistas que le entregan un comentario psicológico de los grandes textos sagrados que acaban de traducir: *El secreto de la flor de oro, El Libro tibetano de la Gran Liberación, El Libro tibetano de los muertos, Ensayos sobre el budismo zen*, etc.

I Ching y sincronicidad

Jung afirma que su encuentro más decisivo con un orientalista fue el de Richard Wilhelm, un antiguo misionero protestante que se había aclimatado por completo a la cultura China y había ofrecido al público occidental una notable traducción del *I Ching*, el más célebre libro de sabiduría chino, de varios milenios de antigüedad. Jung ya había leído, nada más acabar la Primera Guerra Mundial, el *I Ching* en una traducción menos elaborada, que data de finales del siglo XIX. Al descubrir a principios de la década de 1920 la nueva traducción de Richard Wilhelm, pide a éste que vaya a dar una conferencia al Club Psicológico de Zúrich en 1923. En lo sucesivo, Jung no cesa de ahondar su conocimiento, pero sobre todo su práctica del libro adivinatorio más antiguo del mundo.

En efecto, arrojando seis veces seguidas de manera aleatoria unos tallos de milenrama (Jung los sustituirá por cañas) o unas monedas, caemos en uno de los sesenta y cuatro hexagramas que propone el libro, cada uno de los cuales aporta una respuesta sabia a una situación tipo. Jung lo recuerda así: «Muchas veces me pasaba horas enteras sentado en el suelo, bajo el peral centenario, con el *I Ching* junto a mí, y practicaba la técnica acercando unos a otros los "oráculos" que salían, como en un juego de preguntas y respuestas. De ello advinieron toda clase de innegables y notables resultados, relaciones llenas de sentido con mis propios pensamientos, y que yo no podía explicarme».[4] Intrigado, les propone a

---

4. Íbid.

numerosos pacientes que hagan este experimento, y los resultados obtenidos le parecen igualmente concluyentes. Así, refiere el caso de un joven que tenía un complejo materno muy acusado y que vacilaba en casarse con una joven por miedo a haber dado, una vez más, con una mujer dominadora. La respuesta del oráculo fue la siguiente: «La muchacha es poderosa. No debe uno casarse con semejante muchacha». Lo que le intriga a Jung, más allá del contenido de la respuesta, es el extraordinario ajuste entre la pregunta formulada y la respuesta ofrecida. Como no existe ninguna correlación de tipo causal entre ambas, puesto que los tallos o las monedas se arrojan al azar, Jung deduce de ello que existe un fenómeno, aún inexplicado, según el cual dos acontecimientos pueden estar ligados entre sí de manera no causal, sino mediante un sentido, al que él llamará «sincronicidad». Jung ya había advertido la existencia de fenómenos psicológicos paralelos sin relación de causa-efecto: aparición simultánea de pensamientos o de símbolos, por ejemplo, como durante aquella célebre sesión de terapia en la que vino un escarabajo dorado a posarse en su mesa de despacho en el mismo momento en que una paciente le cuenta que ha soñado con un escarabajo. En la parte siguiente volveré con más extensión sobre esta teoría fundamental de la sincronicidad, pero me importaba recordar aquí que fue el enigma del *I Ching* –como el de la astrología, en la que también veía un fenómeno de sincronicidad–[5] el que más impulsó a Jung para reflexionar sobre lo que suele denominarse como una «feliz coincidencia» o una «maravillosa casualidad». En el fondo, lo que más le apasiona en su descubrimiento del más antiguo de los libros chinos, que inspiró tanto a Confucio cuanto a Lao Tsé, es la convergencia de éste con sus propias investigaciones y descubrimientos. Así se siente menos solo, porque esa mirada filosófica hace mucho tiempo que desapareció en Occidente: «El tipo de pensamiento edificado sobre el principio de sincronicidad que culmina en el *I Ching* es la expresión más pura del pensamiento chino en general. En nuestro mundo, este tipo de pensamiento lleva desaparecido de la historia de la filosofía desde Heráclito».[6]

---

5. Jung, C. G., Wilhelm, R.: *El secreto de la flor de oro: un libro de vida chino.* Ediciones Paidós Ibérica, Barcelona, 1996.
6. Íbid.

El secreto de la Flor de Oro

En 1928, Jung pinta en *El libro rojo* un mandala que representa un castillo de oro. Le llama la atención el carácter chino de su dibujo y unos días más tarde recibe el manuscrito de un tratado alquímico chino, *El secreto de la Flor de Oro,* que acaba de traducir al alemán su amigo Richard Wilhelm. Éste le propone al psiquiatra zuriqués que escriba un comentario psicológico de este libro, que le parece entrar en resonancia con sus propios trabajos sobre la psicología de las profundidades. Sorprendido por esta coincidencia, Jung toma conocimiento del texto, que expresa la quintaesencia del espíritu chino, y le llama la atención que «su contenido ofrezca al mismo tiempo –y ahí está el punto extraordinariamente importante– un paralelismo muy vivo con lo que se produce en la evolución psíquica de mis pacientes, ninguno de los cuales es chino».[7] Jung ve en esto una confirmación adicional de la validez de su tesis sobre el inconsciente colectivo y los arquetipos: «Lo intrínseco del inconsciente colectivo es simplemente la expresión psíquica de la identidad de la estructura del cerebro más allá de todas las diferencias raciales. Así es como se explica la analogía, incluso la identidad, de los temas míticos y de los símbolos, al igual que, de manera general, la posibilidad que tienen los hombres de comprenderse entre ellos».[8] Se apasiona por este libro, que al mismo tiempo le va a abrir la puerta del pensamiento alquímico y a impulsarle desde ese mismo momento a abandonar la escritura de su *Libro rojo* para consagrarse casi por entero al estudio de la alquimia.

Buda

En paralelo a su descubrimiento del pensamiento alquímico, Jung prosigue a lo largo de los años 1930 su exploración del pensamiento oriental y se interesa particularmente por el budismo, tanto a través de la lectura de los antiguos sutras del Canon Pali como a través de las

---

7. Íbid.
8. Íbid.

tradiciones zen y tibetana. Le llama la atención el carácter pragmático del mensaje de Buda, que, al igual que un médico, busca antes que nada, más allá de cualquier metafísica, aliviar al ser humano del sufrimiento inherente a su condición. Está también lleno de admiración por la enseñanza universal de aquel gran maestro de sabiduría, que tanto se adelantaba a su tiempo y que acabó siendo expulsado de la India. «Buda perturbaba el proceso histórico al intervenir proponiendo la transformación progresiva de los dioses en conceptos –escribe–. Buda, pionero espiritual para el mundo entero, dice –y procuró realizar esta afirmación– que el hombre iluminado era el maestro y el redentor de los dioses (y no su negador estúpido, como pretende la filosofía occidental de las Luces). Aquello visiblemente era demasiado, porque la mente india todavía no estaba preparada en modo alguno para integrar a los dioses, en la medida en que éstos se vuelven psicológicamente dependientes del estado psíquico del hombre. Cómo el propio Buda pudo acceder a semejante visión sin perderse completamente en el exceso es algo que raya en el milagro. (Pero todo genio es un milagro)».[9]

Lo constatamos aquí una vez más, lo que le apasiona a Jung en el pensamiento budista es que éste viene a confirmar una de sus búsquedas principales: la de una comprensión psicológica del fenómeno religioso. En el comentario que hace al *Libro tibetano de la Gran Liberación,* traducido y editado por el tibetólogo Walter Evans-Wentz, no deja de subrayar el parentesco entre el proceso de individuación que ha elaborado él y el proceso de liberación preconizado por la sabiduría tibetana. Asimismo, en su comentario del célebre *Bardo-Thödol,* el *Libro tibetano de los muertos,* Jung subraya que «es, en efecto, evidente que todo el libro se ha extraído de las representaciones arquetípicas del inconsciente».[10] Al mismo tiempo que pone de relieve la correspondencia entre su pensamiento y el de la sabiduría budista, recuerda también lo que esa sabiduría le aporta para una comprensión aún mejor y más vasta del ser humano. Así, escribe: «Desde el año de su publicación, el *Bardo-Thödol* ha sido para mí en cierto modo un fiel

---

9. «Lo que puede enseñarnos la India», en *Psicología de la religión oriental, op. cit.*
10. «Comentario psicológico del *Bardo-Thödol*», en íbid.

compañero al que debo no solamente numerosas sugerencias y descubrimientos, sino aun ideas totalmente esenciales. A diferencia del *Libro de los muertos egipcio,* del que no podemos decir sino demasiado pocas o demasiadas cosas, el *Bardo-Thödol* contiene una filosofía humanamente comprensible y le habla al hombre, no a dioses o a seres primitivos. Su filosofía es la quintaesencia de la crítica psicológica budista y, en tanto que tal, es de una superioridad que podemos calificar de inaudita».[11]

Oriente y Occidente

Jung expone que la psique oriental es de naturaleza mucho más introvertida que extravertida, contrariamente a la psique occidental, más dirigida hacia el mundo exterior. Esto se traduce en Oriente en una espiritualidad de la «autoliberación», y en el Occidente cristiano en una fe en la salvación obtenida mediante la gracia divina externa o mediante los sacramentos de la Iglesia. Mientras que el occidental quiere ultimar el sentido del mundo, el oriental se esfuerza por realizar ese sentido en el hombre –escribe–. [...] El primero proyecta el sentido, es decir, lo supone en los objetos; el segundo lo siente dentro de sí mismo. Pero el sentido está tanto en el exterior como en el interior».[12] Jung subraya también que, en ambos casos, al ser humano lo mueve una sed de conquista y de dominación: exploración y dominación de uno mismo en Oriente, exploración y dominación del mundo en Occidente.

La tendencia extravertida de Occidente y la tendencia introvertida de Oriente tienen una meta común de gran importancia; tanto una como la otra hacen esfuerzos desesperados para domeñar el carácter puramente natural de la vida. Es la afirmación del espíritu frente a la materia, el *opus contra naturam,* un síntoma del carácter juvenil del hombre que siempre se complace en servirse del arma más poderosa que haya inventado jamás

---

11. Íbid.
12. *Recuerdos, sueños, pensamientos, op. cit.*

la naturaleza, la mente consciente. Tal vez tengan otro ideal las primeras horas de la tarde de la humanidad, que se sitúan en un porvenir lejano. Con el tiempo, quizá un día renunciemos a soñar con conquistas.[13]

El descubrimiento del pensamiento oriental permite a Jung realizar una tarea que se le antoja esencial: desarrollar una psicología transcultural comparada de la experiencia interior, sobre la que volveré en la última parte de este libro. «La conciencia occidental en modo alguno es la conciencia a secas —escribe—. Es más bien una grandeza históricamente condicionada y limitada geográficamente, que tan sólo representa a una parte de la humanidad».[14] El encuentro con el pensamiento oriental ensancha, pues, nuestra mirada, nos permite aprehender la psique humana de manera más global. Es éste un hecho que también constaté yo con ocasión de mis estudios: tras haber estudiado durante varios años la filosofía occidental, sentí la necesidad de abrir mi horizonte trabajando sobre las filosofías orientales, y ello me condujo a hacer mi tesis doctoral sobre el encuentro del budismo y Occidente. Por otro lado, aún hoy me sigue impactando constatar que la mayoría de los filósofos europeos no conocen gran cosa de los pensamientos no occidentales, y que la filosofía de la India y de la China solamente se enseña en la universidad de manera muy marginal, cuando se enseña.

Jung fue, pues, también en esto, un auténtico pionero en percibir la importancia del pensamiento oriental para los occidentales, y desempeñó un papel histórico decisivo en el conocimiento de las filosofías y espiritualidades orientales en Occidente, en especial a través de sus escritos sobre el *I Ching* o el budismo. Hasta tal punto que justo después de su muerte, en la década de 1960, el movimiento de la contracultura estadounidense, que dará origen a la Nueva Era y al desarrollo personal, hará de Jung uno de sus principales inspiradores ¡lo cual perjudicará aún más a su imagen en los medios universitarios! Sin embargo, Jung también observó gran prudencia en cuanto a la recepción de los pensamientos orientales en Occidente y al uso que

---

13. «Comentario del Libro tibetano de la Gran Liberación», en *Psicología de la religión oriental*, op. cit.
14. *El secreto de la flor de oro*, op. cit.

de ellos se podía hacer. Porque una cosa es alimentar y ensanchar uno su reflexión filosófica, y otra es convertirse a una religión muy alejada de nuestra cultura abrazando sus creencias, sus símbolos, sus ritos y sus prácticas. Temía Jung sobre todo, y el futuro le ha dado en parte la razón, que, para muchos occidentales con antojo de exotismo, la conversión a religiones orientales no fuera, a fin de cuentas, otra cosa que un mimetismo superficial y un empobrecimiento, al seccionarlos de sus raíces judeocristianas, que impregnan su inconsciente colectivo con sus propios símbolos. En 1929, en su *Comentario sobre el Secreto de la Flor de Oro,* Jung lanza esta advertencia: «La manera creciente en la que nos estamos familiarizando con el Oriente espiritual debería simbolizar simplemente para nosotros el hecho de que estamos empezando *a entrar en relación con lo que todavía hay de ajeno en nosotros.* La negación de nuestros propios condicionamientos históricos sería un puro desatino; sería el mejor medio para provocar un desarraigo adicional. Solamente podemos asimilar el espíritu de Oriente asentándonos con solidez en nuestra propia tierra».[15] Diez años más tarde, en su *Comentario del Libro tibetano de la Gran Liberación,* remacha el clavo: «En lugar de aprendernos de memoria las técnicas espirituales de Oriente y de imitarlas [...], sería mucho más importante descubrir si en el inconsciente existe una tendencia introvertida análoga al principio espiritual que domina en Oriente. Entonces sí estaríamos en condiciones de construir sobre nuestra propia tierra y con nuestros métodos. Tomando prestadas directamente estas cosas a Oriente lo único que hemos hecho es ceder a nuestra capacidad de apropiación. De esta manera, confirmamos una vez más que "todo lo que está bien está en el exterior", en donde hay que buscarlo para inyectarlo en nuestras almas estériles».[16]

Unos treinta años después de que Jung escribiera estas líneas, el primer Gran Lama tibetano que vino a Occidente, Chögyam Trungpa Rinpoché, pronuncia en 1971 una conferencia en Boulder (California) en la que recupera esta declaración ante un auditorio de adeptos

---

15. Íbid., pág. 69.
16. «Comentario del Libro tibetano de la Gran Liberación», en *Psicología de la religión oriental, op. cit.*

embobados, llegando incluso a denunciar el «materialismo espiritual» de los occidentales, que «consumen» las espiritualidades orientales para alimentar su ego, al igual que consumen todo lo demás. A partir de la década de 1990, el propio Dalai Lama, ante el éxito creciente del budismo en Occidente, recupera las ideas de Jung, afirmando que es psicológica y espiritualmente muy arriesgado cambiar de religión, y remitiendo a sus propias tradiciones espirituales a los occidentales deseosos de convertirse al budismo tibetano. Lo cual no impide, precisa también, conocer técnicas de sosiego, como el yoga o la meditación, o suscribir ciertos conceptos filosóficos del budismo que tienen carácter universal.

Por otro lado, Jung, al final de su vida, aguará un poco su vino y concederá que ciertos individuos, a los que ya en absoluto nutre su tradición espiritual de origen, puedan encontrar en otro sitio, y especialmente en Oriente, enseñanzas espirituales y métodos susceptibles de iluminarlos y de ayudarlos a vivir mejor. Así, en 1955, en el prefacio que escribe para el libro de Karl Eugen Neumann sobre el mensaje de Buda, subraya, en particular, que las enseñanzas budistas «proporcionan al hombre occidental una posibilidad de disciplinar su vida psíquica, posibilidad que, desgraciadamente, pocas veces encuentra éste en las diversas variantes del cristianismo».[17]

Alquimia

Hemos visto que Jung descubrió el pensamiento alquímico en 1928 a través del tratado taoísta del *Secreto de la Flor de Oro,* del que escribió un comentario psicológico. Como suele ser el caso en él, los momentos bisagra de su existencia van precedidos de sueños con una fuerte carga simbólica. Así, a mediados de la década de 1920, tiene una serie de sueños en los que ve un edificio contiguo a su propiedad, pero en el que nunca ha penetrado. En un último sueño, acaba entrando en esa misteriosa casa y descubre una magnífica biblioteca que atesora cientos de libros encuadernados e ilustrados de los siglos XVI y XVII. Un poco más

---

17. «À propos des discours de Gotamo Bouddha», en íbid., pág. 291.

tarde, en 1926, sueña esta vez que va en un carro con un campesino y que se adentran por el patio de una residencia señorial. En ese momento se cierran las verjas tras de ellos y el campesino exclama: «Henos aquí prisioneros del siglo XVII». Turbado por estos sueños, Jung escruta la historia de las religiones y de la filosofía de ese período, pero no encuentra nada particularmente significativo. En cambio, la lectura del *Secreto de la Flor de Oro* lo cautiva y le da deseos de partir al descubrimiento de la tradición alquímica occidental, y pide a un librero muniqués que le proporcione todos los tratados alquímicos que le vengan a la mano.

Así es como en poco tiempo se encuentra en su torre de Bollingen con una vasta biblioteca de libros encuadernados e ilustrados de los siglos XVI y XVII y comprende el sentido de sus sueños. Se embarca entonces en una inmensa empresa de descifrado de esos textos en latín, de los cuales, él mismo lo reconoce, al principio no entendía nada. Necesita diez años de encarnizado trabajo para penetrar en el pensamiento alquímico europeo de la Edad Media y del Renacimiento. Descubre así el eslabón histórico que le faltaba entre el pensamiento gnóstico de la Antigüedad y su propia psicología de las profundidades.

Entre 1918 y 1926, en efecto, Jung se había zambullido en el estudio de los gnósticos, esos pensadores de la Antigüedad combatidos por la Iglesia como herejes, porque buscaban y preconizaban una salvación lograda a través del conocimiento y no por la fe, y de los que Jung tiene el sentimiento de que habían percibido a su manera el mundo original del inconsciente. La alquimia medieval se le aparece como la continuación de la gnosis en el propio seno de la cristiandad: viene a compensar las derivas de una Iglesia que ha olvidado la vida interior y se ha vuelto demasiado unívoca, manteniendo una tradición espiritual introvertida y subrayando la importancia de los contrarios y de las paradojas para acceder a una comprensión más plena de lo real.

La alquimia, en efecto, es una práctica química (*operatio*) que tiene como objetivo transformar la materia con el fin de encontrar la piedra filosofal (que se supone que transforma el plomo en oro), pero también es, a la vez, de manera más global, una obra (*opus*), una iniciación que tiene como objetivo transformar al alquimista, no haciendo éste otra cosa que proyectar en la materia los procesos psíquicos que operan en su mente. Esta tentativa de transmutación de la materia, pero sobre todo de la mente, inspira a Jung su descubrimiento psicológico fundamental, el del proceso de individuación, mediante el cual el individuo se realiza, se transmuta, integrando la totalidad de su psique: «Sólo descubriendo la alquimia discerní claramente que el inconsciente es un proceso y que las relaciones del yo para con el inconsciente y sus contenidos ponen en marcha una evolución, incluso una verdadera metamorfosis de la psique. [...] Fue a través del estudio de las evoluciones individuales y colectivas y a través de la comprensión de la simbología alquímica como llegué a la noción clave de toda mi psicología, a la noción del *proceso de individuación*».[18]

El tratado del *Secreto de la Flor de Oro* evoca un fuego transformador que viene a provocar la germinación de una semilla que, durmiente en el fondo del mar, da nacimiento a una gran flor de oro, a imagen del proceso de individuación: «Lo oscuro da a luz lo luminoso, el noble oro crece a partir del "plomo de la región de las aguas", el inconsciente se vuelve consciente bajo la forma de un proceso de vida y de crecimiento. [...] Así nace la unificación de la conciencia y de la vida».[19] El estudio en profundidad de los tratados europeos de alquimia no hace sino confirmar a Jung en su intuición: las diferentes operaciones alquímicas sobre la materia –la obra al negro, al blanco y al rojo– se le muestran como etapas y símbolos profundos del proceso de individuación, es decir, fenómenos sucesivos de transmutación de la mente para alcanzar la unión de los contrarios –lo masculino y lo femenino, el espíritu y la materia, el consciente y el inconsciente–, que los alquimistas denominan «matrimonio alquímico» y Jung «realización del Símismo».

Vi con mucha rapidez que la psicología analítica concordaba singularmente con la alquimia. Los experimentos de los alquimistas eran mis experimentos y su mundo era, en cierto sentido, mi mundo. Para mí, esto fue de modo natural un descubrimiento ideal, ya que así había encontrado el correlato histórico de la psicología del inconsciente. Ésta descansaba

---

18. *Recuerdos, sueños, pensamientos, op. cit.*
19. *El secreto de la flor de oro, op. cit.*

de ahora en adelante sobre una base histórica. Su sustancia se la confería la posibilidad de comparación con la alquimia, al igual que la continuidad espiritual al remontarse hacia la gnosis. Estudiando los textos antiguos, me di cuenta de que todo encontraba su sitio: el mundo de las imágenes de la imaginación y el material empírico que yo había coleccionado en mi práctica, así como las conclusiones que de él había extraído».[20]

En 1944, Jung publica un volumen de setecientas páginas, *Psicología y alquimia,* en el que entrega la quintaesencia de sus investigaciones e intenta demostrar que el alquimista de los tiempos antiguos, a través de su práctica sobre la materia, realizaba de manera inconsciente un trabajo de unificación de su psique: «Mientras trabajaba en sus experimentos químicos, el adepto vivía ciertas experiencias psíquicas que se le aparecían como el desarrollo propio del proceso químico. Como se trataba de proyecciones, el alquimista naturalmente era inconsciente del hecho de que esa experiencia no tenía nada que ver con la materia en sí, sino que lo que estaba viviendo era en realidad su propio inconsciente».[21] Enriquecido con doscientas setenta ilustraciones, el texto está constituido en parte por el análisis de cuatrocientos sueños que tuvo un paciente suyo, del que Jung se cuida de precisar que es un joven de formación científica, que no tiene ningún conocimiento consciente de la mayoría de los símbolos que recorren sus sueños (se trata del físico Wolfgang Pauli, que obtendrá el premio Nobel en 1945). Ahora bien, la correspondencia entre esos símbolos y los de la alquimia llama la atención del psiquiatra zuriqués hasta tal punto que decide convertirla en el hilo rojo de su estudio.

Si tanto contó para Jung el descubrimiento de la alquimia, es porque fue, para él, fuente a la vez de inspiración y de confirmación. Le inspiró su idea decisiva del proceso de individuación y confirmó sus teorías sobre el inconsciente colectivo y los arquetipos, dándoles un cimiento histórico milenario. Estos trabajos, no obstante, no suscitan la adhesión de todos. Su compañera y más cercana colaboradora, Toni Wolff, piensa que está perdiendo mucho tiempo y que se está extra-

---

20. *Recuerdos, sueños, pensamientos, op. cit.*
21. *Psicología y alquimia, op. cit.*

viando por esos viejos grimorios llenos de supersticiones. Jung se desapega en ese momento de ella, y si el matrimonio continúa recibiéndola regularmente en su propiedad de Küsnacht es por insistencia de su mujer Emma, que se ha hecho amiga de Toni, como me ha confiado su nieto Andreas (que hoy tiene ochenta años). Jung encuentra, no obstante, un valiosísimo apoyo en su encuentro, en 1933, con una brillante muchacha de dieciocho años, muy dotada para las letras clásicas: Marie-Louise von Franz. Ella le propone al médico zuriqués ayudarle a traducir los textos a partir del latín, del griego y del francés antiguo. Marie-Louise von Franz seguirá siendo la principal colaboradora de Jung hasta la muerte de éste en 1961 y vivirá en una propiedad justo al lado de Bollingen.

7

UN FINAL DE VIDA ACCIDENTADO

Al término de la Segunda Guerra Mundial, Jung tiene setenta años. Para entonces goza de reconocimiento internacional y su obra se difunde por círculos muy diversos –universitarios, artísticos, espirituales y educativos–. Pero durante los quince años, más o menos, que le quedan por vivir, conoce graves cuitas de salud y tiene que hacer frente a una polémica sobre su ambigua actitud respecto al régimen nazi entre 1933 y 1939. Ello no obstante, él se siente cada vez más sosegado y se prepara para la muerte con serenidad en sus residencias de Küsnacht y de Bollingen, donde sigue estudiando y escribiendo.

Irradiación internacional

La irradiación internacional de las ideas de Jung dio comienzo muy pronto. Ya en 1907-1908, sus estudios sobre la demencia precoz (esquizofrenia), las asociaciones y los complejos le dieron notoriedad en los medios psiquiátricos europeos. En 1909, su viaje a Estados Unidos con Sigmund Freud le da a conocer no sólo en los medios universitarios estadounidenses, sino también ante un público culto que se interesa por el incipiente psicoanálisis. Es así como numerosos estadounidenses acuden a Suiza para seguir terapia con él. Entre ellos, Edith Rockefeller McCormick, la hija del hombre que a la sazón pasaba por ser el más rico del mundo. Inicia un análisis con Jung en la primavera de 1913 y decide ir a proseguirlo a Zúrich, donde se instala con sus dos hijos. Apasionada por las teorías junguianas y seguramente también fascinada por el hombre, se queda en Suiza hasta 1921. Su esposo también se somete a análisis con Jung, y su hijo, Fowler, llegará a ser más tarde amigo íntimo del psicólogo (es él, en especial, quien organizará su viaje a Nuevo México en 1925 y a la India en 1937).

Esta proximidad con el clan Rockefeller procura a Jung una considerable ventaja material. En efecto, la hija del multimillonario estadounidense financia la traducción y la edición en inglés de sus libros y hace una donación que equivaldría hoy a unos dos millones de dólares para comprar unos locales (con sala de conferencias incluida) en los que puedan encontrarse los pacientes de Jung con el fin de departir sobre sus experiencias analíticas: el Club Psicológico de Zúrich. El 20 de julio de 1916, en una carta a su padre, justifica así estos gastos: «Este trabajo es único en la historia de la humanidad y sus valores de largo alcance son inestimables».[1]

Jung crea igualmente la Asociación de Psicología Analítica, que permite a analistas profesionales reunirse y compartir el fruto de sus investigaciones. En su introducción al *Libro rojo*, Sonu Shamdasani explica: «la confrontación de Jung con el inconsciente en modo alguno es una empresa solitaria, muy al contrario: es un trabajo colectivo en el que él embarca a sus pacientes. Los que le rodean forman en torno a él un círculo de vanguardia, comprometido en una experiencia colectiva de la que dan por descontado que transformará su existencia y la de sus allegados».[2]

En una biografía escrita con vitriolo, *Jung, el cristo ario,* Richard Noll ve más bien en ese círculo de pacientes y de analistas junguianos una verdadera comunidad de adeptos y traza un retrato de Jung como profeta de una nueva religión: «Tras haber reflexionado durante años sobre el considerable impacto de Jung en la cultura y en el paisaje espiritual del siglo xx, he llegado a la conclusión de que ha ejercido una influencia tan importante como la del emperador romano Juliano el Apóstata (331-363) sobre la erosión del cristianismo institucional y la restauración del politeísmo helenístico en la civilización

---

1. Citado en Richard Noll, *Jung, el cristo ario,* Ediciones B, Barcelona, 2002.
2. Sonu Shamdasani, «Introduction», en C. G. Jung, *Le Livre rouge,* L'Iconoclaste/La Compagnie du Livre rouge, 2011, pág. 64.

occidental».[3] Aunque seguramente Jung fascinó a numerosos de sus pacientes y de sus colegas y puede que algunos de ellos se bebieran sus enseñanzas como palabra de Evangelio, yo no comparto las conclusiones de Noll: como más tarde veremos, Jung buscó más reinventar el cristianismo que enterrarlo; más que ser voluntariamente el enterrador de las religiones institucionales, abrió una puerta a los defraudados por ellas.

Andando el tiempo, el movimiento junguiano continúa desarrollándose y estructurándose. En 1948 se crea el Instituto Jung, un laboratorio de investigación que acoge a estudiantes e investigadores, y en 1955, la Asociación Internacional para la Psicología Analítica, que se propone reagrupar los diversos clubes y sociedades de adscripción junguiana (hoy en día se cuentan unos sesenta en todo el mundo). Jung responde también a la invitación de prestigiosas universidades extranjeras, que se interesan cada vez más por su obra: en 1936 va a Harvard, y allí recibe el título de doctor *honoris causa*; después, el año siguiente, a Yale, en donde recibe la misma distinción, y a la India, en donde también es nombrado doctor *honoris causa* de las Universidades de Benarés, Calcuta y Allahabad. Al término de la Segunda Guerra Mundial, la Universidad de Basilea crea una cátedra de psicología médica especialmente para él, pero tan sólo impartirá clases en ella seis meses, debido a sus recurrentes problemas de salud (esencialmente cardíacos) y a su escaso gusto por la enseñanza universitaria. Durante veinte años, entre 1933 y 1953, Jung va también todos los años a Ascona, en las orillas del lago Mayor, para participar en los célebres «Encuentros de Eranos», en los que discute con estudiosos de altos vuelos sobre todas las cuestiones antropológicas que le preocupan: la mitología (Karl Kerényi), la historia de las religiones (Mircea Eliade), la gnosis (Gilles Quispel), la mística judía (Gershom Scholem) o musulmana (Henry Corbin), la egiptología (Helmut Jacobson), los símbolos cristianos (Hugo Rahner), la historia del arte (sir Herbert Read), etc.

---

3. Richard Noll, *Jung…, op. cit.*

1933-1939: Los años turbios

Durante su viaje a Estados Unidos en 1936, se alzaron algunas voces en la comunidad psicoanalítica freudiana estadounidense contra la ida de Jung a Oxford, habida cuenta de su colaboración con una revista de psicoterapia alemana controlada por los nazis. Tras la Segunda Guerra Mundial, se publicaron artículos, principalmente en Estados Unidos, que le acusaban abiertamente de antisemitismo y de simpatía hacia el régimen nazi entre 1933 y 1939. Estas acusaciones suscitarán una polémica que aún no está cerrada, y que empaña gravemente su reputación.

Como el asunto es complejo y exige un examen riguroso y completo, solamente una biografía de Jung distanciada y en profundidad permitiría hacerse una opinión fiable sobre esta cuestión que suscita pasiones y polémicas exacerbadas. Muy felizmente, ese trabajo existe: *Jung, a biography*, una suma de 1 300 páginas, de Deirdre Bair (publicada en Estados Unidos en 2003 y en Francia en 2007 y después en 2011, en una nueva edición corregida y aumentada).[4] Profesora de literatura comparada en la Universidad de Pensilvania, a Bair le intrigaba el carácter muy violentamente controvertido de Jung en los medios psicoanalíticos y psiquiátricos estadounidenses, en los que suscitaba tanto la admiración como el odio. Afirmando no tener ningún prejuicio sobre la cuestión y animada por una gran curiosidad intelectual, Bair pasa ocho años realizando una rigurosa investigación y, en particular, tiene acceso a los archivos de la familia Jung, hasta entonces inaccesibles a los investigadores. No habiendo encontrado mejor fuente sobre el asunto, voy a intentar sintetizar el fruto de sus trabajos en las páginas siguientes.

A la lectura de Bair, se muestra que Jung no era ni nazi ni antisemita, pero que cometió unos cuantos errores graves dando muestras de soberbia, de imprudencia y de ingenuidad. En un primer momento, yo me atuve a este parecer, pero la consulta de otras fuentes más críticas que la biografía de Bair y de otros textos que en ella no se citan me

---

4. El autor utiliza la última versión francesa: Deirdre Bair, *Jung, une biographie* (Flammarion, 2011). *(N. de la T.)*

hace tener hoy en día una opinión más matizada sobre esta cuestión: si bien Jung no era ni nazi ni visceralmente antisemita (en cuyo caso yo jamás habría escrito un libro sobre él, por más vivo que fuese mi interés por sus ideas), sí da muestras de una fascinación temporal por el nazismo a principios de la década de 1930, y profirió declaraciones que se pueden calificar de antisemitas en una ocasión, en un artículo publicado en 1934.

Desde 1930, Jung es vicepresidente de una asociación alemana médica de psicoterapia que tiene la intención de federar todas las corrientes —en particular las freudianas, adlerianas y junguianas: *Allgemeine Ärtztliche Gesellschaft für Psychotherapie*. Esta asociación, que tiene su sede en Berlín, edita una prestigiosa revista médica, el *Zentralblatt für Psychotherapie*, ampliamente difundida en Europa. Ya desde la llegada de Hitler al poder, el 30 de enero de 1933, la asociación y la revista quedan bajo la tutela del nuevo régimen por cuenta de Matthias Göring, un psicólogo alemán, miembro de la asociación y primo de Hermann Göring, uno de los principales cabecillas nazis. En junio de 1933, el presidente de la asociación y redactor jefe de la revista, Ernst Kretschmer, que es judío, presenta su dimisión, como reacción a las medidas antijudías que, ya en febrero de 1933, empiezan a restringir las libertades de los judíos (autorización de detenciones arbitrarias, boicot a los comercios judíos, exclusión de la función pública, de las universidades, etc.). El 10 de mayo de 1933 se produce, en todo el país, un terrible auto de fe: estudiantes nazis queman decenas de miles de libros —entre ellos todas las obras de Freud— en la plaza pública. Es sabido que en 1935 las leyes de ciudadanía del Reich —las siniestras leyes de Núremberg—, que tienen como objeto la «protección de la sangre y del honor alemanes» excluyen a los judíos —quienes, poco a poco, quedan totalmente marginados y estigmatizados (J de *Jude* en el pasaporte)—, y que el año 1938 verá culminar esta violencia en el transcurso de la Noche de los Cristales Rotos, los días 9 y 10 de noviembre.

Según los estatutos de la Asociación, Jung, en tanto que vicepresidente, tiene que suceder a Kretschmer, cosa que él acepta. Esta decisión le será reprochada, y algunos verán ya en ella la prueba de su antisemitismo y de su connivencia con el régimen nazi. Las cosas son mucho más complejas. El propio Kretschmer apremia a Jung para que acepte, porque piensa que Jung, al ser suizo y no judío, logrará mejor que él evitar que la Asociación y la revista queden totalmente subvertidas por la propaganda nazi. Jung comparte este punto de vista y así justificará en lo sucesivo esa decisión. Bair proporciona numerosos documentos que muestran que Jung estaba convencido de que podía salvar la psicoterapia en Alemania asumiendo esa colaboración con el régimen nazi. Su primera preocupación es evitar que los médicos judíos sean excluidos de la Asociación. Le impone a Göring la presencia a su lado de un colaborador judío, Rudolf Allers, que tiene a su cargo las reseñas de libros en la revista. Pero, sobre todo, consigue que se modifiquen los estatutos de la asociación de mano de un abogado, Wladimir Rosenbaum, con el fin de que a sus colegas judíos no se los expulse de ella. Rosenbaum y Jung encontraron una triquiñuela: como los psicoterapeutas judíos estaban excluidos de oficio de la Asociación en Alemania debido a las leyes antijudías, había que estructurar la asociación en grupos nacionales, para que pudieran afiliarse cada uno a título individual pasando por otro país. Esto permitiría así a psicoanalistas judíos alemanes conservar su estatus profesional y continuar ejerciendo su profesión.

Jung consigue imponer los nuevos estatutos a Göring, y Bair refiere que, años después de estos acontecimientos, Rosenbaum todavía se felicitaba por haber «hecho tragar a aquella asamblea de nazis unos estatutos ¡preparados por un judío!».[5] Este logro fue seguido de algunos otros, pero en términos globales Jung tuvo que tragarse muchos sapos, el más terrible cuando Göring publica, contra su acuerdo, un editorial en la edición internacional de la revista, recomendando la lectura de *Mein Kampf* a todos los psicoterapeutas. Después de esta afrenta, Jung duda si dimitir, pero piensa una vez más que le será más útil a la causa de la psicoterapia alemana manteniendo el diálogo que denunciando abiertamente el régimen nazi, al que no por eso se adhiere —como atestiguan numerosos testimonios privados, e incluso públicos, en especial con ocasión de su viaje a Estados Unidos, en 1936, en el que multiplica las críticas hacia Hitler.

---

5. Wladimir Rosenbaum, citado en Deirdre Bair, *Jung, une biographie, op. cit.*, pág. 680.

A toro pasado, una vez que se haya tenido conocimiento de las atrocidades cometidas por los nazis, será evidentemente fácil decir que Jung nunca habría debido aceptar esa cooperación, pero, si nos recolocamos en el contexto de mediados de la década de 1930, nos damos cuenta de que las grandes democracias hacen la misma apuesta que Jung: intentar mantener el diálogo con el régimen nazi con la esperanza de atemperarlo y salvar a los judíos alemanes de la demencia antisemita. Muchos, como Winston Churchill, pensaban que la historia aún no había emitido su veredicto, como confirman estas líneas que escribió en 1935: «No podemos decir si será Hitler el que precipite una vez más el mundo a una nueva guerra que traiga consigo el fin irremediable de nuestra civilización, o si entrará en la Historia como el hombre que habrá restituido a la gran nación alemana su honor y su tranquilidad para devolverla, serena, útil y fuerte, al centro del círculo de la gran familia europea».[6]

La lectura de las conversaciones entre los dignatarios nazis que controlan la Asociación y la revista, en particular Matthias Göring y el psiquiatra Ernst Cimbal, revela que en lo que atañe a Jung hacen esa misma apuesta: forzando soluciones de compromiso, aceptan contemporizar con él, con la esperanza de que acabará por suscribir sus miras, lo cual muestra que ellos mismos eran sobradamente conscientes de que no las compartía y de que tendrían «inmensas dificultades»[7] para conseguir adherirlo a la suscripción de conformidad de la Asociación y de la revista con la política nazi, según las palabras de Cimbal. En este pulso, son finalmente los nazis los que se imponen y, viendo que ya no tiene ninguna influencia ante sus interlocutores para intentar salvar lo que queda aún del psicoanálisis en Alemania, Jung termina dimitiendo en 1939. Como represalia, sus libros son incluidos en la «lista negra» del régimen nazi.

Lo que le granjea a Jung las primeras sospechas de antisemitismo es la publicación, en diciembre de 1933, en la revista *Zentralblatt für Psychotherapie*, de un texto que subraya la diferencia entre la psique judía y la psique aria. Conviene, no obstante, también aquí, recolocar

---

6. Íbid., pág. 686.
7. Íbid., pág. 665.

esta cita en la economía de conjunto del artículo y, sobre todo, en el contexto histórico de la época, en el que este tipo de análisis era moneda corriente.

A lo largo de todo el siglo XIX se desarrollaron en Europa, y particularmente en Alemania, estudios de filología comparada que buscaron el modo de comprender las diferencias lingüísticas y culturales entre los pueblos. Así fue como nacieron las categorías «indoaria» (hoy decimos «indoeuropea») y «semita». Numerosos eruditos, como Friedrich Max Müller, pusieron de relieve las características propias de cada pueblo (por aquel entonces se decía «raza», pero esta palabra se suprimió del lenguaje científico desde el momento en que sirvió para legitimar teorías y actos «racistas»). A principios del siglo XX, estos estudios están tan extendidos por Europa que ciertos psicólogos se sirven de ellos para explicar que la psique de los individuos está marcada por su pertenencia cultural. Esta psicología culturalista los conduce a afirmar que existe una mentalidad judía específica, así como una mentalidad «aria» específica (era ésta la palabra utilizada unánimemente en la época para calificar a los pueblos europeos antiguos, antes de que los nazis la utilizasen a ultranza para oponerla a la «raza judía»). Así, el propio Freud escribe a su discípulo Ferenczi, el 8 de junio de 1913: «En cuanto al semitismo, hay ciertamente en él grandes diferencias con la mente aria. Todos los días tenemos la confirmación. Por eso, de ello ciertamente resultarán, aquí y allá, concepciones diferentes del mundo y un arte diferente».[8] Freud y Jung habían debatido con frecuencia esta cuestión, y finalmente es esta misma idea la que se desprende del artículo incriminado. Tras haber recordado que la revista tenía como objetivo dar cuenta con imparcialidad de la diversidad de los puntos de vista, Jung subraya «las diferencias que de hecho existen, y por otro lado son reconocidas desde hace largo tiempo por personas clarividentes, entre la psicología germánica y la psicología judía».

Pero en ese momento ya no estamos a principios del siglo XX. En el contexto del virulento antisemitismo que está causando estragos en Alemania, tal recuerdo es más que torpe, es una falta grave. Alguna conciencia debió tener Jung de esto, puesto que inmediatamente añade:

---

8. Sigmund Freud, citado en Richard Noll, *Jung...*, *op. cit.*

«Quede claro que no cabe aquí, y me gustaría que así quedara formalmente establecido, depreciación alguna y de ningún tipo de la psicología semita, como tampoco hay intención alguna de depreciar la psicología china cuando se habla de la psicología propia de los habitantes del Extremo Oriente».[9] Como subraya Deirdre Bair, «expresar un punto de vista como ése a finales de 1933, en una revista alineada con la ideología nazi, era de una ingenuidad increíble, y sobre todo un error en el plano político, pero las diferencias entre las naciones, las tribus y los pueblos constituían un elemento esencial de la psicología de Jung; por consiguiente, él lo consignaba. Sus detractores en absoluto tuvieron en cuenta su insistencia en decir que no había en ello ninguna "depreciación de la psicología semita" y la controversia se intensificó».[10]

Gustav Bally, un psicoanalista freudiano zuriqués, en febrero de 1934 ataca con ardor a Jung en la *Neue Zürcher Zeitung* y desata una polémica que causa un profundo daño al psiquiatra suizo. Sintiéndose perseguido por los freudianos, Jung publica en el *Zentralblatt für Psychotherapie*, en abril de 1934, el peor texto que haya escrito jamás y el único, hasta donde yo sé, de naturaleza antisemita. Bair afirma que la traducción de este artículo, del que solamente cita un breve extracto, fue mutilada por los adversarios de Jung cuando se reanudó la polémica con más intensidad en 1945. Puede ser, pero yo he tenido recientemente ante mis ojos el texto original y he leído varias traducciones de él que establecen claramente la gravedad de las declaraciones realizadas por Jung.

El judío, que tiene algo de nómada, nunca ha producido y seguramente jamás producirá cultura original alguna, porque sus instintos y sus facultades exigen para desplegarse un pueblo de acogida más o menos civilizado. Por eso, según mi experiencia, la raza judía posee un inconsciente que solamente puede compararse al inconsciente ario con ciertas condiciones. Con excepción de algunos individuos creativos, el judío medio ya es demasiado consciente y está demasiado diferenciado para cargar dentro de él las tensiones de un futuro por venir. El inconsciente ario tiene un po-

9. Citado en Deirdre Bair, *Jung…, op. cit.,* pág. 676.
10. Íbid.

tencial superior al inconsciente judío: ésa es la ventaja y el inconveniente de una juventud aún cercana a la barbarie. El gran error de la psicología médica fue aplicar sin discernimiento categorías judías –que ni siquiera son válidas para todos los judíos– a eslavos y a alemanes cristianos. En consecuencia, nunca ha visto en los más íntimos tesoros de los pueblos germánicos –su alma creadora e intuitiva– otra cosa que ciénagas infantiles y banales, mientras que mis advertencias conocían sospechas de estar marcadas con antisemitismo. Esa sospecha emanaba de Freud, que no comprendía la psique germánica; no más, por otro lado, que sus discípulos alemanes. El fenómeno grandioso del nacionalsocialismo, que el mundo entero contempla con asombro, los ha iluminado».[11]

Como subraya con gran acierto Élisabeth Roudinesco, «es en ese contexto donde [Jung] evolucionó hacia una concepción no igualitarista del psiquismo arquetípico. Hasta ahí, en efecto, se había conformado con un simple diferencialismo».[12] La historiadora del psicoanálisis subraya por otro lado, con ocasión de la publicación de la correspondencia de Jung con Erich Neumann, que «el antisemitismo de Jung es la consecuencia de esa infernal psicología de los pueblos».[13] Añadiré yo que también está motivado por un potente afecto: un profundo resentimiento hacia Freud. Esa detestación recíproca, que no hizo más que crecer a lo largo de los años tras su ruptura, acabó obsesionando a Jung, quien, sin duda alguna, vio en los ataques de Bally la mano de su antiguo mentor. Buscando probablemente vengarse de Freud, quien, según él, no comprendía nada del inconsciente alemán, exponía que el psicoanálisis freudiano, a fin de cuentas, no dejaba de ser un asunto judío –una idea que él mismo había combatido un cuarto de siglo antes, al aportar su apoyo a Freud.

Me parece que ese odio/rivalidad con Freud es la parte de sombra de Jung, sombra que nunca llegó a concientizar realmente y que le

11. «Zur gegenwärtigen Lage der Psychotherapie» («Sobre la situación actual de la psicoterapia»), *Zentralblatt für Psychotherapie*, 1934; traducido en los *Cahiers jungiens de psychanalyse*, «Crise et Histoire», n.º 96, 1999.
12. Élisabeth Roudinesco, *A vueltas con la cuestión judía*, Madrid, Anagrama, 2011.
13. Ead., «De l'inégalité des inconscients chez C. G. Jung», *Le Monde des livres*, 25 de octubre de 2018.

hizo cometer ese derrape antisemita. Porque, por otra parte, es difícil afirmar que Jung era antisemita antes de ese episodio y que lo siguiera siendo después. No solamente se defendió con ardor más tarde, sino que muchos otros elementos confirman que no tenía hostilidad alguna hacia los judíos y que incluso salvó a muchos de ellos de la amenaza nazi. En efecto, sabemos gracias a Bair, quien tuvo acceso a la totalidad de la correspondencia privada de Jung aún inédita, que, ya en 1934, envió numerosos correos a amigos ingleses o estadounidenses, en los cuales les pedía que ayudaran a tal o tal otro judío que huía de la Alemania nazi. Bair encontró también documentos notarizados enviados a las autoridades suizas de inmigración, en los que Jung se comprometía a hacerse cargo económicamente de las personas (en su mayoría judías) que pedían asilo en Suiza con el fin de escapar de las persecuciones del régimen nazi. Al lado del nombre de numerosos desconocidos, encontramos los de su amiga Jolande Jacobi y Aniela Jaffé (que será su secretaria particular al final de su vida), o también el del doctor Roland Cahen, que se convertirá en su principal traductor a la lengua francesa.[14]

Jung permanecerá, de hecho, rodeado de numerosos amigos judíos hasta el final de su vida, entre ellos los psicólogos James Kirsch y Erich Neumann, que emigraron a Palestina en 1933 y se convirtieron en los promotores de la escuela junguiana en Israel. Jung mantendrá una correspondencia muy regular con Neumann, desde 1933 hasta la muerte del psicólogo israelí en 1960.[15] Kirsch y Neumann le reprocharon que no hubiera dimitido más pronto del *Zentralblatt für Psychotherapie* y que profiriese en él las declaraciones de 1934, pero jamás lo acusaron de ser antisemita. Como tampoco lo hicieron las personas que lo trataron entre 1930 y 1940, de las cuales 181 fueron interrogadas sobre este asunto por Gene Nameche entre 1968 y 1972 dentro del marco del C. G. Jung Biographical Archive Project. Pero muchos le recriminaron por su falta total de sentido político y por el carácter irresponsable de sus declaraciones sobre la diferencia entre las

---

14. Deirdre Bair, *Jung…*, *op. cit.*, pág. 695.
15. C. G. Jung y Erich Neumann, *Correspondance. Zurich-Tel Aviv (1933-1959)*, Imago/La Compagnie du Livre rouge, 2018.

psique aria y semita en el contexto de las persecuciones nazis contra los judíos.

El artículo de 1934 citado más arriba muestra igualmente que, a principios de los años 1930, Jung quedó impresionado por el auge del nacionalsocialismo y por el fervor popular que suscitaba. Conviene también situar esta actitud en el contexto de la época. Ya desde el inicio del siglo xx, Alemania está contaminada por el movimiento *völkisch,* que expresa la resurgencia del sentimiento nacional alemán a través de una mezcla de historia política, folclore y mitología. Jung es sensible a esto, porque siempre consideró que había que tomar en consideración el inconsciente colectivo de los pueblos, y a él mismo le apasionaban los orígenes de la cultura germánica. El éxito del partido hitleriano se sustenta mucho en ese fervor *völkisch,* y Jung, sin afiliarse jamás al partido nazi ni apoyarlo abiertamente, dejó así que se trasluciera su fascinación por el despertar del alma alemana. Hasta 1935 más o menos no tomó conciencia, por fin, del peligro del nacionalsocialismo. Para mostrar que no está adherido al régimen nazi, como sostiene por entonces el entorno de Freud, Jung publica en 1936 un ensayo sobre Wotan, el dios del viento de los antiguos germanos, que tomaba posesión de los hombres para convertirlos en instrumentos de la violencia en el cosmos. Pretende así demostrar que la barbarie que está creciendo en Alemania está fundada en afectos colectivos arcaicos y reviste un carácter mágico-religioso. Por otro lado, apunta directamente a Hitler explicando que «lo más impresionante» en el fenómeno del «furor teutonicus» es que «un individuo que está manifiestamente trastornado trastorne a su pueblo entero de tal suerte que todo se pone en movimiento como una bola que rueda ineluctablemente por una pendiente peligrosa».[16] La obra interesa sobremanera a Frank Ashton-Gwatkin, un alto diplomático del Foreign Office, quien la manda traducir al inglés y se la distribuye a todos los miembros del ministerio, convencido de que Jung aporta en ella una notable explicación psicológica de lo que está ocurriendo en Alemania. Incluso les hace llegar ejemplares a los diplomáticos alemanes que conoce para intentar abrirles los ojos sobre la locura colectiva en la que están inmersos.

---

16. Deirdre Bair, *Jung...*, *op. cit.*, pág. 688.

1940-1945: El matrimonio del espionaje y del psicoanálisis

Estalla la guerra. Por su neutralidad oficial, Suiza queda relativamente al margen del terrible conflicto que desgarra una vez más Europa. Durante el verano de 1942, se pone en contacto con Jung un médico de Hitler que está preocupado por la salud mental de éste, y le pide que acuda para hacer un diagnóstico. Jung se niega, porque teme que tal desplazamiento se interprete mal o que lo detengan los nazis (está en su lista negra desde 1940), pero pronto le vuelven a poner sobre ello unos emisarios alemanes del jefe de los servicios secretos de Himmler, Walter Schellenberg, el cual está levantando un complot contra Hitler. Le piden igualmente que vaya a Berchtesgaden con el fin de realizar un examen psiquiátrico del Führer, cuyo objetivo era terminar de convencer a otros altos dignatarios del régimen de que abandonaran a Hitler. Jung se niega categóricamente una vez más, pero les da a sus interlocutores el consejo de que hagan lo que sea para focalizar la atención de Hitler sobre Rusia, porque así es, piensa él, como perderá la guerra. La historia no le quitará la razón.

En febrero de 1943, cuando los alemanes acaban de perder la batalla de Stalingrado, se pone en contacto con él esta vez el agente de la Oficina de Servicios Estratégicos estadounidenses (OSS) destacado en Suiza: Allen Dulles. Éste intenta recoger informaciones que pudieran ser útiles a los Aliados. A Dulles le había llegado la onda de las teorías de Jung sobre la psicología alemana y el uso que habían hecho de ellas sus colegas ingleses del Foreign Office; por eso desea informarse con el psicólogo suizo acerca de la psicología de los responsables nazis, y en particular sobre la del Führer. Dulles es informado de los ataques contra Jung que dimanan de psicoanalistas freudianos que le acusan de ser favorable al régimen nazi, y pide a sus servicios un informe completo. Su lectura lo convence del carácter infundado de esas alegaciones e inicia en ese momento una estrechísima colaboración con Jung, celebrando así «el matrimonio aún experimental del espionaje y del psicoanálisis», según expresión suya. Se ven varias veces por semana hasta el final de la guerra, y Dulles envía las notas de Jung a sus superiores jerárquicos, pidiendo en un telegrama al coronel David Bruce de la OSS (Office of Strategic Services) que preste particular atención al perfil que traza de Hitler el psiquiatra suizo: se trata de un psicópata que, según él, irá hasta el final de su locura, aunque no hay que excluir «la posibilidad del suicidio en un momento de desesperación».[17]

Las notas de Jung gozan de tal aprecio en los servicios secretos estadounidenses que en 1945 el general Eisenhower, comandante supremo de las fuerzas aliadas en Europa, le pide consejo sobre la manera de ayudar a la población alemana a aceptar la derrota. Jung le hace llegar una nota en la que le anima a difundir entre los civiles alemanes mensajes que apelen a «lo *mejor* que tenía el pueblo alemán, su fe en ideales, su amor a la verdad y a lo humano. Estas cualidades vienen a colmar el abismo de la inferioridad moral y constituyen una propaganda infinitamente mejor que las insinuaciones destructoras».[18] Otro signo del aura que ha adquirido el médico zuriqués ante los gobiernos aliados por sus servicios durante la guerra: en 1946, cuando Winston Churchill programa su primer viaje oficial a Suiza y el gobierno le pide el listado de personas a las que desea saludar, el primer nombre que menciona es el de Carl Gustav Jung.

Al final de la guerra, cuando de nuevo es el blanco de psicoanalistas freudianos que le acusan de haber sido nazi, Jung recibe numerosos apoyos, entre ellos el de Dulles de la OSS, quien afirma que el trato asiduo con el médico suizo desde 1942 le había convencido de que éste era «clara y completamente antinazi y antifascista, tanto en lo que respecta a sus ideas como a su enfoque de los problemas del mundo».[19]

Si bien calificar a Jung de «nazi» me parece, en efecto, totalmente infundado, no por eso deja de ser cierto que el extravío de Jung al principio de la década de 1930 sobre la cuestión del antisemitismo le causó un considerable perjuicio. El psicoanalista Paul Roazen recuerda una conversación significativa que tuvo con Paul Ricoeur sobre este tema: «Me parecía, y eso fue lo que le dije a Ricoeur, que si quería colmar la meta filosófica que tenía en la cabeza, habría sido más juicioso tomar a Jung como pensador de referencia antes que a Freud. Porque la visión junguiana del inconsciente me parecía mucho más cerca-

---

17. Íbid., pág. 744.
18. *Íbid.,* pág. 747.
19. Allen Dulles, citado íbid., pág. 776.

na al pensamiento de Ricoeur que la de Freud. Sea como fuere, la mención del nombre de Jung dejó a Ricoeur particularmente perplejo. Porque, según Ricoeur, no se podía, en París, leer a Jung: estaba "en el índice" de los libros prohibidos entre los intelectuales franceses».[20]

Poco han cambiado en Francia, por desgracia, las cosas desde entonces. Si bien es criticable mantenerse en la negación en cuanto a los errores de Jung, igual de irracional es negarse a estudiarlo debido a sus yerros. ¿No es ésta, en efecto, una manera fácil de ocultar un pensamiento que pone patas arriba ciertas ideas dominantes de la psicología de las profundidades?

Experiencia de muerte inminente

A principios del año 1944, Jung sufre un infarto y entra en coma. Tiene entonces eso que en nuestros días se llama «experiencia de muerte inminente» (EMI) o, en inglés, *near death experience* (NDE). Desde el best seller internacional del Dr Raymond Moody (*Vida después de la vida,* 1975), disponemos de abundante literatura sobre el tema, en la que se recogen miles de testimonios que relatan experiencias luminosas dentro de un estado (vivido) de descorporación, seguidas de penosos retornos al cuerpo, en particular en caso de ataques cardíacos en los que los individuos permanecen durante bastantes minutos suspendidos entre la vida y la muerte. Pero en la época en la que Jung vive esta experiencia y en la que por primera vez se la relata a la doctora Kristine Mann en una carta del 1.º de febrero de 1945, no existe, hasta donde yo sé, ninguna obra sobre el tema. En esta carta, Jung escribe: «Mientras nos situamos en el exterior de la muerte y la vemos desde fuera, ésta es de la mayor crueldad. Pero en cuanto uno está en el interior de la muerte, se experimenta un sentimiento tan profundo de totalidad, de paz y de realización que uno quisiera no regresar».[21]

20. Paul Rozaen, «Jung et l'antisémitisme», *Passereve*, abril de 2010.
21. Carta del 1.º de febrero de 1945 a la Dr Kristine Mann, en *Le Divin dans l'homme,* Albin Michel, 1999, pág. 32.

Este tipo de declaraciones es emblemático de los testimonios de personas que han vivido una EMI, y el relato que hace Jung de su experiencia corresponde al esquema típico de ellas, aunque las visiones que él describe son suyas propias (como las de cada individuo). Tras haber perdido el conocimiento, relata el médico zuriqués, tiene una visión en la que se encuentra en el espacio (a unos 1 500 kilómetros de la Tierra, calculará más tarde en función de su ángulo de visión) y observa con embeleso nuestro planeta bañado en una maravillosa luz azul. Se encuentra por encima de Ceilán y ve todo el subcontinente indio hasta la cordillera del Himalaya. «El espectáculo de la Tierra vista desde esa altura era lo más maravilloso y lo más feérico que he vivido»,[22] recuerda.

Mientras está subyugado por esta visión, entra en su campo visual un gran bloque de piedra negra, del tamaño de una casa grande. Se percata de que la piedra está hueca, penetra en el interior y se encuentra en un pequeño vestíbulo igual que el de un templo hindú. Hay un indio vestido enteramente de blanco sentado en un banco de piedra justo delante de la entrada del templo. Jung tiene la certeza interior de que ese hombre le está esperando. Se acerca a la entrada del edificio religioso. A medida que va avanzando, se siente como despojado de todos sus deseos, sus pensamientos y sus creencias, al tiempo que tiene presente en su conciencia todo lo que ha vivido en la Tierra: «No tenía ya nada que querer ni que desear; yo era, podríamos decir, objetivo, yo era lo que había vivido».[23] Tiene la certeza de que al penetrar en el templo hallará la respuesta a todas sus preguntas: ¿por qué se ha desarrollado su vida así? ¿Por qué vino al mundo con estos talentos y estas fragilidades y qué ha hecho con ellos? ¿Qué resultará de ello? En el momento en el que se dispone a franquear el umbral del edificio sagrado, se le aparece la imagen de su médico para decirle que todavía no le está permitido abandonar la Tierra y que tiene que regresar. En ese mismo momento la visión se difumina y Jung, terriblemente decepcionado, recupera la sensación dolorosa de su cuerpo.

Permanece varias semanas en un estado semiconsciente que, de hecho, traduce su rechazo a proseguir su existencia terrenal y a alimen-

---

22. *Recuerdos, sueños, pensamientos, op. cit.*
23. Íbid.

tarse. Durante este tiempo, también lo habita una extraña certeza: la de que su médico, el que lo ha devuelto a la vida, va a morir pronto. En efecto, el mismo día en el que Jung puede sentarse en el borde de la cama por primera vez, su médico es hospitalizado y muere rápidamente de una septicemia.

Durante las numerosas semanas de su convalecencia, Jung está deprimido por el día, pero todas las noches, hacia la media noche, pasa despierto más o menos una hora, durante la cual permanece inmerso en un estado de beatitud total: «Me sentía como planeando por el espacio, como al abrigo en el seno del universo, en un vacío inmenso, aunque lleno del más grande sentimiento de felicidad que pueda existir. Era la dicha eterna; no se la puede describir, es demasiado maravilloso». Después, durante ese tiempo extático se le aparecen visiones de desposorios místicos, como si la muerte fuera un misterio de unión —*mysterium conjunctionis*— en el que el alma lograra por fin realizar su totalidad. Se ve a sí mismo en el Jardín de las Granadas asistiendo a los esponsales de dos *sephiroth* de la Cábala, que representan lo femenino y lo masculino de Dios: Tipharèt (la gracia) y Malkut (el reino). Otra noche, se ve en la escena del Apocalipsis de Juan en los desposorios del Cordero (Cristo) y de su pueblo, en la Jerusalén celestial. Sigue a esto una tercera visión, en la que él, por un paisaje verdeante, llega hasta un anfiteatro, en el que asiste a una escena mitológica referida en la *Iliada*: Zeus y Hera consumando el *hieros gamos* (unión sagrada de carácter sexual entre dos deidades).

Al cabo de unas semanas, esas visiones nocturnas cesan, pero Jung quedará marcado por ellas hasta el final de sus días: «Yo jamás habría pensado que [...] fuera posible una beatitud continua. [...] Nos echa para atrás el empleo de la palabra "eterno"; no obstante, lo que yo viví solamente puedo describirlo como la beatitud de un estado intemporal, en el cual pasado, presente y porvenir ya no son sino una sola cosa. Todo lo que se produce en el tiempo estaba concentrado allí en una totalidad objetiva».[24] Al leer estas líneas, rememoré las palabras de Spinoza (a quien Jung nunca leyó) a propósito de ese estado de beatitud que él también saboreó: «Sentimos y experimentamos que somos

24. Íbid.

eternos».[25] Este episodio transforma a Jung, que a partir de ese momento se sitúa menos en el voluntarismo y más en la aceptación de lo que es y de lo que él es: «Mi enfermedad tuvo aún otras repercusiones: éstas consistieron, podría decir, en una aceptación del ser, en un "sí" incondicional a lo que es».[26]

Al leer estas líneas, cómo no pensar también en Nietzsche, que escribía en *La gaya ciencia*: «¡Quiero incluso, en toda circunstancia, no ser más que un hombre que dice sí!». Su relación con la muerte también queda, evidentemente, trastocada. Jung afirma no solamente no temerla ya, sino también no estar ya tan afectado como antes por la pérdida de sus deudos. Así responde en 1947 a un corresponsal que le da el pésame tras la desaparición de un amigo suyo: «Ahora ha desaparecido, ha salido fuera del tiempo, cosa que haremos todos después que él. Lo que llamamos la vida es un corto episodio entre dos grandes misterios que, en realidad, no son más que uno solo. Yo nunca puedo entristecerme por una desaparición. Los muertos tienen la duración, y nosotros estamos sólo de paso».[27]

Últimas obras

Después de este episodio, Jung reanuda una intensa actividad de investigación y de escritura y publica numerosos libros sobre temáticas muy diversas: la alquimia –*Psicología y alquimia* (1944) y los dos tomos de *Mysterium conjunctionis* (1955-1957); las religiones –*Aion. Contribuciones al simbolismo del sí-mismo* (1951) y *Respuesta a Job* (1952); la psicología de las profundidades –La psicología de la transferencia (1946), *Simbología del espíritu* (1948), Los orígenes e historia de la conciencia (1954) y *Considérations actuelles sur la schizophrénie*[28] (1959); el mundo contemporáneo –*Aspects du drame contemporain*[29]

25. Baruch Spinoza, *Ética*, V, proposición 23, scolie.
26. *Recuerdos, sueños, pensamientos, op. cit.*
27. Carta de 1947 a un corresponsal anónimo, en *Le Divin dans l'homme, op. cit.*, pág. 477.
28. *Consideraciones actuales sobre la esquizofrenia. (N. de la T.)*
29. *Aspectos del drama contemporáneo. (N. de la T.)*

(1948), *Presente y futuro* (1957), *Un mito moderno* (estudio psicosociológico sobre el fenómeno de los OVNI, 1958). Revisa también numerosas conferencias que están reunidas en libros inéditos, como el notable *L'Homme à la découverte de son âme* [30] (1943) y *El hombre moderno en busca de un alma* (1960), editados por Roland Cahen.

En esta abundante producción (cuya lista aquí consignada dista mucho de ser exhaustiva), me gustaría subrayar otra temática que me resulta particularmente entrañable: la de la educación. Jung tuvo cinco hijos y numerosos nietos con los que mantuvo fuertes lazos afectivos, y se interesó mucho, como psicólogo, por la cuestión de la educación. Publica en la década de 1930 dos trabajos sobre los sueños infantiles, y sus diversos artículos sobre este tema serán recogidos en Psicología y educación (1958). La tesis central que defiende, la de la educación del educador, la resume perfectamente el filósofo David Lucas:

> La obra de Carl Gustav Jung conduce a considerar que la relación pedagógica no solamente mete en liza contenidos o consignas racionales, sino también una influencia sujeta a la sensibilidad y a la personalidad del pedagogo. La educación, considerada así, ya no pertenece únicamente al orden del discurso, sino que también se ajusta a las disposiciones psíquicas del adulto. Ahora bien, estas disposiciones se escapan ampliamente de los métodos pedagógicos programados de antemano y, por el contrario, dependen de aquello que el educador sea en lo más íntimo de su psicología. Esta atención concedida a la ecuación personal del adulto constituye una verdadera revolución copernicana de la pedagogía, porque, si el ser del educador se convierte en la principal determinación de la influencia que ejerce sobre la infancia, será él el primero a quien habrá que educar».[31]

En los años finales de su vida, Jung perfila el plan de una obra colectiva destinada a presentar al gran público las claves esenciales de su pensamiento. Con este fin, redacta un ensayo sobre el símbolo para el libro *El hombre y sus símbolos,* que será supervisado y publicado des-

---

30. *El hombre hacia el descubrimiento de su alma. (N. de la T.)*
31. David Lucas, «Carl Gustav Jung et la révolution copernicienne de la pédagogie», *Le Portique,* n.º 18, 2006.

pués de su muerte por Marie-Louise von Franz. Pero sobre todo, en la primavera de 1957, se aplica en la escritura de su autobiografía. Al principio, la obra adopta la forma de declaraciones recogidas por su secretaria, Aniela Jaffé, a quien ya había confiado la ordenación de sus numerosos textos. Luego, al cabo de seis meses, Jung decide volver a empezarlo todo y escribir él mismo gran número de pasajes, confiando a su colaboradora el cuidado de preguntarle sobre las partes que falten o de reutilizar textos de conferencias que él corregirá después. Ya en el prólogo, Jung se cuida de advertir al lector: «Yo sólo puedo comprenderme a través de las aventuras interiores. Son ellas las que componen la particularidad de mi vida y es de ellas de lo que trata mi "autobiografía"».[32] La obra, muchas veces citada en este libro, es una mina de oro que rebosa de anécdotas sobre la vida de Jung y de hondas reflexiones personales sobre la existencia. Es un auténtico libro iniciático, y cuando lo leí por primera vez, de adolescente, tuvo un profundo impacto sobre mí.

Con todo, tras haber venido en conocimiento del itinerario de Jung a través de numerosas otras fuentes, no puedo sino realizar la constatación siguiente: en esta autobiografía, Jung, en efecto, habló maravillosamente bien de su vida interior y de la maduración de sus ideas, pero también operó una selección en los acontecimientos externos de su recorrido, conservando solamente los que le eran más favorables y dejando en silencio ciertos episodios en los que nos habría gustado oírle, como la controversia sobre su actitud en los años treinta o sus relaciones con las mujeres, en particular con su segunda compañera, Toni Wolff, cuyo nombre no aparece por ninguna parte al hilo de las 700 páginas del libro, cuando tuvo un papel esencial en su vida íntima e intelectual.

Frente a la muerte

Los fallecimientos de Toni Wolff en 1953 y después de su mujer Emma, que muere de un cáncer en 1955, le afectan y le hacen meditar aún

---

32. *Recuerdos, sueños, pensamientos, op. cit.*

114

más sobre la cuestión de la muerte, que, no obstante, no ha cesado de preocuparle a lo largo de su existencia, y particularmente desde la mitad de su vida. «La muerte es psíquicamente tan importante como el nacimiento», escribe en su Comentario sobre el *Secreto de la Flor de Oro*. «La muerte es, en efecto, si se la considera correctamente desde el punto de vista psicológico, no un final, sino una meta, y por eso la vida con vistas a la muerte empieza una vez que se ha rebasado el cénit».[33]

En otras palabras, para Jung, si la primera parte de nuestra vida tiene como meta producir y reproducirse, la segunda debe llevarnos a parirnos a nosotros mismos elevando nuestro nivel de conciencia (a través del proceso de individuación), con el fin de que realicemos plenamente nuestra existencia antes de morir: «El grado de conciencia alcanzado, donde quiera que sea, constituye, o eso me parece, el límite superior de conocimiento al que pueden acceder los muertos. De ahí el gran significado de la vida terrenal y el considerable valor de lo que un humano se lleva de aquí "al otro lado" en el momento de su muerte. El nivel general de conciencia solamente se puede elevar aquí, en la vida terrenal, en la que se chocan los contrarios».[34]

Afirma también: «Si bien no es posible aportar una sola prueba válida sobre el tema de la supervivencia del alma tras la muerte, hay no obstante acontecimientos que dan qué pensar. Yo considero esos acontecimientos como indicaciones, sin por ello tener la osadía de conferirles el valor de conocimientos».[35] A pesar de esta prudente formulación, Jung dedica a esta cuestión un capítulo entero de su autobiografía, y claramente se percibe que a él lo habita la íntima convicción de que la conciencia sobrevive a la muerte del cuerpo físico. Refiere, en particular, que ha tenido sueños o ha visto apariciones de difuntos. Su padre, por ejemplo, lo visitó en sueños, justo antes del óbito de su madre, ¡para pedirle consejos sobre la vida conyugal! Otra vez recibió la visita de un amigo que acababa de fallecer y que le llevó en imaginación hasta su biblioteca para designarle un libro muy concreto, encuadernado en piel de color rojo. Al día siguiente, Jung acudió a casa de la

---

33. *El secreto de la flor de oro, op. cit.*
34. *Recuerdos, sueños, pensamientos, op. cit.*
35. Íbid.

viuda de ese amigo y visitó su biblioteca, en la cual jamás había entrado. Era punto por punto semejante a su visión nocturna. Sin vacilar, se subió a un taburete y encontró el volumen encuadernado designado por su amigo difunto: se trataba de un libro de Émile Zola titulado *Le Voeu d'une morte*.

Como experto conocedor de las doctrinas orientales sobre el karma (ley de causalidad) y la reencarnación, Jung se interroga también sobre estas teorías. Hemos visto que le resultaba fácil creer en una suerte de karma impersonal que conectaría a los individuos de un mismo linaje a través de las generaciones. Pero, más allá de esta herencia que se transmitiría de generación en generación a través de los genes y del inconsciente familiar, la cuestión es saber si también existe un karma personal. Jung afirma no tener ninguna opinión firme sobre este tema. Examina, por otro lado, la posibilidad de que un individuo fallezca dejando abierta una pregunta importante y nazca otro individuo para intentar responder a ella. La única certeza que tiene es que «si suponemos que hay una continuación "más allá", no podemos concebir un modo de existencia que no sea psíquico; porque la vida de la psique no precisa ni de espacio ni de tiempo. La existencia psíquica —y sobre todo las imágenes interiores de las que ya estamos tratando ahora— ofrecen la materia de todas las especulaciones míticas sobre una vida en el más allá, y ésta yo me la represento como un caminar progresivo a través del mundo de las imágenes. Así, la psique podría ser esa existencia en la que se sitúa el "más allá" o el "país de los muertos"».[36]

En los últimos años de su vida, Jung está venido a menos por numerosos problemas de salud (en particular sufre otros dos infartos). Tras el fallecimiento de su mujer, sus hijos se turnan junto a él, pero ellos también tienen familia y no pueden vivir en su casa. En ese momento recurre a una enfermera inglesa a la que conoció durante su viaje a África del Este y que se ha hecho amiga de la familia: Ruth Bailey. A veces saltan chispas entre esas dos fuertes personalidades: Jung es exigente y autoritario, y Ruth no le deja pasar una. Cuando no está ocupado corrigiendo su autobiografía o redactando su correspondencia, lee tratados zen y los libros de Pierre Teilhard de Chardin, que

---

36. Íbid.

le entusiasman; siente un profundo parentesco de pensamiento con el teólogo. En mayo de 1961 es víctima de un ataque cerebral que lo deja privado de la palabra. La recobra la víspera de su muerte y conversa con Ruth y su hijo Franz, ¡a quien pide que vaya a abrir una buena botella de burdeos! Muere apaciblemente el 6 de junio de 1961, poco antes de celebrar su octogésimo sexto aniversario. Unas horas después de su fallecimiento, al olmo bajo el que gustaba de sentarse y meditar a la orilla del lago le cae un rayo y se hiende en dos, como me confió su nieto Andreas, que a la sazón tenía veinte años. ¿Qué interpretación habría hecho Jung de esta última sincronicidad?

Segunda parte

LA EXPERIENCIA INTERIOR

A partir de la Primera Guerra Mundial, inmediatamente después de su ruptura con Freud, reformula sus procedimientos terapéuticos partiendo de su propia experimentación. Aporta así una transformación profunda a las miras de la psicoterapia: ésta ya no se limita al solo tratamiento de las patologías, sino que desde ese momento en adelante apunta a un crecimiento del desarrollo psíquico y espiritual del individuo y, a través de eso mismo, a una elevación de la conciencia de la humanidad. En este sentido, Jung es verdaderamente el padre del movimiento del desarrollo personal, que irá cobrando auge en Estados Unidos en la década de los sesenta y dará origen a una multitud de nuevas corrientes terapéuticas, al igual que es inspirador de numerosas búsquedas espirituales individuales contemporáneas, no ya fundadas en un dogma o una práctica externa, sino en una experiencia interior. «Lo que necesitamos, escribe el 7 de enero de 1955 a un corresponsal californiano, es el desarrollo del hombre interior, espiritual, del individuo único, cuyo tesoro está escondido por una parte en la tradición mitológica y por otra parte en el alma inconsciente».[1]

Esta experiencia interior puede comprenderse de dos maneras: como experiencia de aquello a lo que Jung llama lo «numinoso», encuentro inefable con lo sagrado en lo más profundo del alma, y como largo trabajo de maduración psicológica, a través de un diálogo entre el consciente y el inconsciente, que permite a cada uno convertirse en un individuo singular, y a lo que él llama el «proceso de individuación». Las dos experiencias, de hecho, pueden superponerse, y son numero-

---

1. Carta del 7 de enero de 1955 a Upton Sinclair, *Le Divin dans l'homme*, Albin Michel, 199, pág. 299.

sos los puntos de unión entre experiencia de lo sagrado y proceso de individuación, empezando por su objetivo común: la emergencia del Sí-mismo como totalidad del ser. Pero, para la comodidad de la exposición, he elegido hacer dos grandes secciones en esta segunda parte. La primera está dedicada a la forma en la que Jung considera, de manera muy amplia, la cuestión de lo sagrado, lo cual me llevará a hablar de su concepción de lo religioso y de su vínculo con la religión cristiana de su infancia. Estudiaré en la segunda sección el proceso de individuación a través de sus cuatro grandes dimensiones: el Sí-mismo, sus lenguajes (símbolos, arquetipos, imágenes, mitos), sus mediadores (sueños, imaginación activa, rituales, sincronicidades) y el recorrido que conduce a la completitud del ser (desenmascarar a la *persona*, integrar el *animus* y el *anima,* atravesar la propia sombra y reconciliar los contrarios).

I
Lo sagrado

1

HOMO RELIGIOSUS

En el dintel de la puerta de entrada de su casa de Küsnacht, Jung manda grabar esta sentencia del oráculo de Delfos: «VOCATUS ATQUE NON VOCATUS DEUS ADERIT» («Llamado o no llamado, Dios (o el dios) estará presente». Cinco décadas más tarde, pide que se mande grabar esta misma frase como epitafio en su losa sepulcral. Esto es tanto como decir la importancia que concedía a esta sentencia sibiliana. En su notable ensayo *Jung et la question du sacré*,[1] Ysé Tardan-Masquelier propone esta traducción más libre, que permite comprender mejor el sentido que Jung le confería: «Queramos o no, la cuestión de lo divino se impone».

La función religiosa de la psique

Es éste, en efecto, un pensamiento recurrente en la obra del médico suizo: la cuestión de lo divino y, de manera general, de lo religioso, está inscrita en la psique humana. Puede estarlo de tres maneras diferentes, y estos tres estratos pueden, por supuesto, superponerse según los individuos. Puede estar presente, inicialmente, en el yo y en el inconsciente personal de todo individuo que haya recibido educación religiosa. Aunque después procure emanciparse de ella, queda marcado de por vida por la impronta de esa educación, y por los símbolos, las creencias y las prohibiciones o tabús que suelen dimanar de ella.

---

1. *Jung y la cuestión de lo sagrado. (N. de la T.)*

Jung refiere en sus obras numerosos ejemplos de pacientes a los que ha podido tratar ayudándolos a concientizar una problemática religiosa reprimida o rechazada, como aquella joven judía atea y emancipada. Repleta de angustias, recuperó la serenidad tras haber tomado conciencia de que inconscientemente vivía bajo la mirada de su abuelo, un judío ortodoxo muy religioso a quien de niña admiraba mucho. La religión nos impregna también a través de la historia, las ideas, los símbolos, los ritos y las creencias de la civilización a la que pertenecemos: lo que en filosofía se denomina la *episteme,* el conjunto de los conocimientos regulados propios de un grupo social en una época determinada (la impronta sociocultural). En la introducción de *Psicología y alquimia* (1944), Jung escribe:

He empezado esta introducción partiendo de la totalidad del hombre como representante de la meta a la que, en última instancia, conduce el desarrollo psíquico que se ha producido durante el proceso psicoterapéutico. Esta cuestión está indisolublemente ligada a presuposiciones filosóficas y religiosas. Aunque el paciente, como suele ser el caso, se crea desprovisto de prejuicios desde este punto de vista, no por ello es menos cierto que el propio fundamento de su pensamiento, de su modo de vida, de su moral y de su lengua está condicionado históricamente hasta en los detalles, cosa de la que muchas veces él se mantiene inconsciente por falta de cultura o de autocrítica. El análisis de su situación conduce, pues, más pronto o más tarde, a que salgan a la luz sus presuposiciones espirituales fundamentales, que van mucho más allá de las determinantes personales».[2]

Finalmente, y es ésta la aportación más original de Jung, como la religión ha impregnado todas las civilizaciones humanas del pasado, todos, sea cual sea nuestro condicionamiento personal y social actual, estamos marcados por la religión: en nuestro inconsciente colectivo están presentes símbolos y arquetipos religiosos. Jung refiere que ha observado que algunos pacientes que decían ser totalmente indiferentes, incluso hostiles, a la religión y que no habían recibido educa-

---

2. *Psicología y alquimia, op. cit.*

ción religiosa alguna, tenían no obstante sueños en los que entraban en liza símbolos religiosos. En otros casos, constata que otros pacientes que sí habían recibido educación religiosa (éstos eran la mayoría) podían soñar con símbolos religiosos totalmente ajenos a su universo cultural y de los que no podían haber tenido conocimiento, ni siquiera a través de lecturas.

Lo numinoso

Pero Jung va más lejos aún. No solamente afirma que nuestro inconsciente colectivo está repleto de mitos y de símbolos religiosos, sino que él mismo vive la experiencia psíquica de una conmoción emocional conectada con una fuerza o potencia indefinible. Observa eso mismo en algunos de sus pacientes y a través de numerosos testimonios históricos en todas las culturas del mundo. La lectura de dos grandes teólogos y filósofos alemanes de las religiones le permitirá ir cercando mejor esa experiencia, e incluso ponerle nombre.

Carl Jung, el abuelo paterno de Jung, que asimismo era médico, había abjurado del catolicismo y recibido el bautismo protestante de manos de un teólogo muy conocido en la época, Friedrich Schleiermacher, que también era un gran estudioso y uno de los pioneros del movimiento romántico alemán. Éste publica en 1799 *Sobre la religión: discursos a sus menospreciadores cultivados,* discurso en el que muestra que la religión se funda antes que nada en el sentimiento, el corazón y la sensibilidad. La experiencia religiosa es en primer lugar una experiencia emocional que toca el alma, la dimensión racional y dogmática aparece en un segundo momento. Tiene también la intención de mostrar que el sentimiento religioso no es sólo una experiencia personal, sino que reviste asimismo una dimensión colectiva: tiene que ser compartido, y eso es posible en la medida en que reposa sobre imágenes originales presentes entre todos los humanos. Puede ser que esta última sugerencia pusiera a Jung sobre la pista del inconsciente colectivo y de los arquetipos, pero también se queda con esa idea fundamental de Schleiermacher de que la experiencia religiosa es antes que nada un sentimiento, máxime porque la encuentra en un libro, *Lo sagrado,* publicado en 1917 por otro pensador alemán: Rudolf Otto. Profesor de filosofía de las religiones en la Universidad de Marburgo, éste fue el inspirador de los «Encuentros de Eranos» a orillas del lago Mayor, en los que participará Jung durante veinte años. Otto se inscribe especialmente en la filiación de Schleiermacher, aunque su intención es situarse no ya en el terreno de la teología, sino en los de la filosofía y la historia comparada de las religiones. Queda, no obstante, marcado por el pensamiento romántico, que restaura la importancia de la sensibilidad y de la afectividad frente a la supremacía de la razón impuesta por las Luces. Si bien conserva la idea de que toda religión descansa inicialmente y antes que nada sobre un sentimiento, le da a éste un objeto que no es Dios, sino el misterio.

Confrontado con el misterio del mundo y con el enigma de la vida y de la muerte, el ser humano vive la experiencia de lo *numinosum,* lo «numinoso», que Otto define a la vez como una energía y como un sentimiento.

Este encuentro con el misterio, que constituye para él una forma de transcendencia o de alteridad, incide sobre el alma de dos maneras: el ser humano siente embeleso y amor frente al *mysterium augustum* –la belleza y la grandeza inefables del mundo–, y terror frente al *mysterium tremendum,* «el misterio que produce temblor». Es esta experiencia universal de lo numinoso lo que Otto califica como «sagrado». Así pues, la experiencia íntima y universal de lo sagrado está en el fundamento de todas las religiones del mundo, las cuales procurarán domesticarla y racionalizarla mediante el rito y el dogma. La lectura de las tesis de Otto causa un hondo impacto en Jung, porque éstas se hermanan con sus propias experiencias y descubrimientos sobre la existencia de una *función religiosa* en el interior del inconsciente. Se apoya Jung, pues, en los trabajos de Otto para definir lo religioso como «una actitud de la conciencia que ha sido transformada por la experiencia de lo numinoso [...]. La religión es el hecho de tomar en cuenta, con conciencia y atención, eso que Rudolf Otto llamó muy felizmente lo *numinosum,* es decir, *una existencia o un efecto dinámico,* que no encuentra su causa en un acto arbitrario de la voluntad [...] y debe atribuirse a una causa exterior al individuo. Lo *numinosum* es o bien la cualidad de un objeto visible, o bien la influencia de una presencia invisible que determina una modificación característica de la conciencia».[3]

La adopción de la tesis de Rudolf Otto sobre lo numinoso y lo sagrado conduce a Jung a preferir la antigua etimología romana de la palabra «religión» –*religere*–, que significa «observar, escrutar con atención», antes que aquella más comúnmente aceptada desde san Agustín –*religare*–, que significa «conectar». Porque, si bien la religión tiene, en efecto, una función de conexión, si bien favorece la convivencia y mantiene cierta cohesión en el seno de un grupo humano (ya sea una tribu, un reino o una civilización), se asienta en primer lugar y antes que nada sobre una experiencia de lo numinoso. Es en un segundo momento cuando la religión se convierte en una tradición, que intenta hacer perdurar esa experiencia numinosa y codificarla mediante ritos, creencias y dogmas, y que se convierte en creadora de un vínculo social.

Me importa precisar que con la palabra religión no pretendo aludir a una profesión de fe determinada. No obstante, es exacto que cada confesión se basa, por una parte, en su origen, en una experiencia directa de lo *numinosum,* y luego por otra parte en *pistis,* es decir, en fidelidad (lealtad), en fe y en confianza respecto a una experiencia precisa de los hechos «numinosos» y de la modificación de conciencia que de ellos se ha seguido: la conversión de Pablo es un impresionante ejemplo de esto. Podríamos decir, pues, que la expresión «religión» designa la actitud particular de una conciencia que ha sido modificada por la experiencia de lo *numinosum.* Las diversas confesiones son las formas codificadas y dogmatizadas de experiencias de origen religioso. En ellas se han santificado los contenidos de la experiencia inicial y, por regla general, se han petrificado en un edificio mental muy rígido y muchas veces complicado. La práctica y la repetición de la experiencia primordial se han metamorfizado en rituales y en una institución inamovible».[4]

Ahí se sitúa la brecha entre esta concepción de la religión y la que tienen los teólogos (tanto del judaísmo como del cristianismo o del

3. *Psicología y religión.* Ediciones Paidós Ibérica, Barcelona, 2005, reed. 2011.
4. Íbid.

islam), que consideran que la religión reposa sobre la fe en una revelación exterior. Ahora bien, para Jung, descansa inicialmente en la experiencia de una revelación interior. Su correspondencia abunda en controversias con teólogos que le reprochan estar minando el fundamento de la religión, pero Jung permanece inflexible sobre esta cuestión, porque su enfoque no es teológico (la teología es una empresa racional al servicio de la fe), sino psicológico y empírico. «El problema de la religión no es tan simple como usted piensa —escribe a uno de sus contradictores estadounidenses—. En absoluto se trata de convicción intelectual ni de filosofía, ni siquiera de fe; lo que cuenta es más bien la experiencia interior. Es ésta, lo concedo, una concepción totalmente ignorada por los teólogos, aunque hablan de ella mucho, mucho. Pablo, por ejemplo, no se convirtió al cristianismo por un esfuerzo intelectual o filosófico, ni por la fe, sino por la fuerza de su experiencia interior inmediata. Sobre ella descansaba su fe, pero nuestra teología moderna le da la vuelta a la cosa y piensa que deberíamos primero creer para después tener una experiencia interior».[5]

Aunque sea él el blanco de los teólogos, Jung dista mucho, no obstante, de ser el único que comprende el fenómeno religioso a través de esa distinción entre una experiencia primordial de lo numinoso y la instalación de una organización que viene después a codificar esa experiencia.

En la misma época, el gran sociólogo de las religiones Max Weber desarrolla una teoría similar (habla, a propósito de la religión institucional, de «rutinización» del carisma del fundador), al igual que el filósofo francés Henri Bergson propone en su último trabajo, *Las dos fuentes de la moral y de la religión* (1932), la distinción entre una religión dinámica, asentada sobre la experiencia espiritual de los fundadores, y una religión estática, la de las instituciones y las tradiciones, que procura que perdure el fuego sagrado de la experiencia inicial a través de los siglos y hacer accesible esa religión al mayor número posible de personas, lo cual conduce necesariamente a un empobrecimiento y una rigidificación. Y en cada época acuden grandes sabios y místicos a

---

5. Carta del 2 de octubre de 1954 a un corresponsal estadounidense anónimo, en *Le Divin dans l'homme*, Albin Michel, 1999, pág. 40.

reavivar el fuego sagrado de la experiencia fundadora sobre la que nació la tradición.

De esta doble observación, la de la presencia de una impronta religiosa universal a través del inconsciente colectivo y la de una posibilidad –igualmente universal– de vivir esa experiencia de lo numinoso, Jung extrae la conclusión siguiente: tenga o no conciencia de ello, el ser humano es un animal religioso, un *homo religiosus*. Como decía el oráculo de Delfos, «lo queramos o no, la cuestión de lo divino se impone». Y el médico zuriqués no ceja en recordar que esta constatación proviene de los hechos y no de ninguna teoría de ningún tipo: «No soy yo quien ha atribuido una función religiosa al alma; yo simplemente he producido los hechos que demuestran que el alma es *naturaliter religiosa* (religiosa por naturaleza), es decir, que posee una función religiosa. Esa función no me la he inventado yo, ni la he introducido en el alma mediante ningún artificio de interpretación: se produce por sí misma sin que ninguna opinión o sugestión de ningún tipo la empuje a ello».[6]

Necesidad de una vida simbólica

A partir de esta constatación, Jung se propone mostrar la utilidad de la función religiosa, que favorece la colaboración entre la psique consciente y la psique inconsciente a través de la experiencia de lo numinoso o la práctica interiorizada de los ritos. Arraigada en los arquetipos del inconsciente colectivo, la función religiosa es, en efecto, una disposición estructural de la psique humana que apela sin cesar a los procesos de simbolización, favoreciendo así la relación del consciente y del inconsciente; de ahí su importancia crucial para el equilibrio de la psique en el proceso de individuación. Los símbolos que entran en liza a través de la función religiosa son de dos órdenes: natural (imágenes arquetípicas fundamentales) y cultural (productos de la cultura y del dogma religioso). Cuando aparecen símbolos religiosos en los sueños o a través de la imaginación activa, tienen un poderoso efecto terapéu-

---

6. *Psicología y alquimia, op. cit.*

tico: «Yo me esfuerzo por poner en evidencia los hechos psíquicos a los que está ligado el discurso religioso. He podido constatar, en efecto, que, por regla general, cuando aparecen espontáneamente contenidos "arquetípicos" en los sueños, producen efectos numinosos y terapéuticos. Son *experiencias originales,* las cuales, con mucha frecuencia, permiten al paciente recuperar un acceso a verdades religiosas relegadas al olvido durante mucho tiempo. Yo he podido vivir personalmente este tipo de experiencia».[7] Afirma haber sanado a numerosos pacientes evocando con ellos la práctica de su propia religión, sea la que sea: «Yo devuelvo a las personas al valor positivo de su Iglesia de origen».[8] Jung, no obstante, nos pone en guardia contra el riesgo de ejercer influencia en el paciente, riesgo siempre posible en la práctica terapéutica que pudiera llevar al terapeuta a transmitir sus propias creencias y valores. Afirma así buscar siempre «las ideas y el lenguaje» del paciente y ayudarle a reanudar contacto con su propio universo simbólico, evitando cuidadosamente cualquier «sugerencia».[9]

En tanto que psicólogo, Jung no se hace la pregunta de si una religión es mejor que otra o incluso de si el discurso religioso dogmático reposa sobre una verdad o sobre una ilusión. Constata simplemente que el ser humano siente la necesidad de una vida simbólica que permita expresarse a las necesidades del alma, y que la práctica religiosa —inicialmente en el sentido primario de observación atenta de la propia vida y después en el sentido secundario de práctica ritual inserta en el seno de una tradición religiosa para los creyentes— puede ser fuente de profundo equilibrio. Como todo psicólogo, evidentemente ha constatado los estragos que puede producir la religión en los individuos. No refuta la afirmación freudiana según la cual la creencia religiosa puede ser neurótica. Es totalmente consciente de que para muchos creyentes Dios es como un sustituto del padre, y de que las pulsiones de éstos son reprimidas por prohibiciones o tabúes religiosos. No niega que las religiones puedan enfermar a las personas, o incluso constituir un re-

---

7. Carta del 25 de abril de 1952 a Vera van Lier-Schmidt, in *Le Divin dans l'homme,* op. cit., pág. 39.
8. *La Vie symbolique. Psychologie et vie religieuse,* Albin Michel, 1989, pág. 77.
9. Carta del 5 de octubre de 1945 al padre Victor White, in *Le Divin dans l'homme,* op. cit., pág. 81.

fugio contra la experiencia personal. Pero, contrariamente a Freud, sostiene que hay también otra cosa en la religión. Que la experiencia numinosa, al igual que la fe y la práctica religiosa, no pueden ser reducidas a eso. Si bien la religión tiene innegablemente una cara negativa y mortífera, tiene también una función positiva, incluso esencial, en tanto en cuanto favorece un acceso a energías que renuevan la vida del individuo que experimenta lo numinoso, haciéndola así más íntegra en el plano personal y, para los creyentes, en el contexto de una comunidad ensanchada. Afirma haber observado que las personas que vivían experiencias religiosas profundas eran muchas veces las más felices y las más equilibradas con las que se había encontrado.

Así pues, Jung no emite ningún juicio metafísico sobre las religiones, se niega a pronunciarse respecto a su carácter ilusorio o no: constata simplemente, al lado de sus efectos negativos y patógenos, sus efectos terapéuticos benéficos, aunque sólo fuera porque dan a los individuos un sentido para su existencia. «Hay, no obstante, un argumento empírico de peso que nos induce a alimentar ideas que no pueden demostrarse. Es el que éstas se reconocen como útiles –escribe al final de su vida en *El hombre y sus símbolos*–. El hombre tiene una necesidad real de ideas generales y de convicciones que den un sentido a su vida y le permitan encontrar un lugar en el universo. Puede soportar pruebas apenas creíbles si piensa que éstas tienen un sentido. Pero se derrumba cuando a sus desgracias tiene que añadir la de estar participando en "una historia contada por un idiota". El papel de los símbolos religiosos es darle un sentido a la vida del hombre […]. Ese sentimiento de que la vida tiene un sentido más amplio que la simple existencia individual es lo que permite al hombre elevarse por encima del mecanismo que lo reduce a ganar y a gastar».[10]

---

10. *El hombre y sus símbolos, op. cit.*

2
DEL DIOS EXTERIOR AL DIVINO INTERIOR

«Dios ha muerto», anuncia el Zaratustra de Nietzsche. Jung meditó largo tiempo esta sentencia, y le parece más atinado decir que no es Dios quien ha muerto, sino la imagen que nosotros tenemos de él. La imagen del Dios bíblico, exterior al mundo, omnisciente, que se revela por medio de los profetas y que responde a las plegarias de los creyentes, en efecto ya no es creíble en Occidente para la mayoría de nuestros contemporáneos. En cambio, como acabamos de ver, Jung está convencido de que la potencia de las energías divinas sigue activa y de que el ser humano puede encontrarse con éstas a través de la experiencia de lo numinoso. Pero se trata de una experiencia inefable. De Dios no podemos decir nada, porque se mantiene fuera del alcance del entendimiento humano, pero sí podemos vivir la experiencia de él. Jung nos invita, pues, a deshacernos de todas las representaciones antropomórficas, limitadas, culturales, que podemos tener de Dios para poder abrirnos a una experiencia de encuentro con lo divino indecible.

Dios como arquetipo

Jung, sobre este particular, cita treinta y ocho veces en su obra a un gran místico cristiano de los siglos XIII y XIV, el Maestro Eckhart, quien decía: «Ruego a Dios que me libere de Dios».[1] Aunque reconocido

---

1. Maestro Eckhart, *Sermones*, sermón n.º 52: *«Beati pauperes spiritu»*. Eds. Sanz y Torres, Madrid, 2009.

como un hombre de gran santidad y como el mayor teólogo de su tiempo, el Maestro Eckhart nunca fue canonizado porque relativizó la representación tradicional del dogma de la Santísima Trinidad: Dios es el Padre, el Hijo y el Espíritu Santo. Para Eckhart, la Trinidad, a semejanza del Dios bíblico (Yavé), sigue siendo la representación humana, que se expresa a través de un lenguaje antropomórfico y conceptual, de una realidad incomprensible a la que él llama la «Divinidad» (*Gottheit*). Ahora bien, lo que dice Eckhart de la Divinidad y de su vínculo con el alma humana concuerda con los conceptos de arquetipo de Dios y de Sí-mismo desarrollados por Jung. En cuanto a la experiencia inefable, conmocionante y transformadora que vive el alma cuando acoge a la Divinidad, se corresponde con lo numinoso expuesto por Otto y recuperado por Jung.

Así pues, Jung desarrollará en la encrucijada de estas dos influencias (Eckhart y Otto) su concepción de Dios y de la experiencia humana de lo divino, tal como pudo experimentarla y observarla en su práctica terapéutica: «Dios es, pues, *en primera instancia,* una imagen mental dotada de una "numinosidad" natural, es decir, que un valor emocional confiere a la imagen la autonomía característica del afecto».[2] Esta «imagen mental» es el arquetipo de Dios, que existe en nuestra psique y al que denomina *imago Dei.* Es esta imagen (o impronta) de Dios en la psique lo que Jung identifica como principal símbolo del Sí-mismo: «En primer lugar —escribe—, se plantea la cuestión de la existencia de una *imagen arquetípica de Dios,* porque tal imagen desempeña un papel de importancia capital en la determinación del actuar humano. Pero hay, de hecho, un arquetipo cuya existencia podemos constatar empíricamente y que, tanto en la historia del simbolismo cuanto en la descripción de casos psicológicos individuales, se identifica como "imagen de Dios": una imagen de totalidad que yo he calificado de *símbolo de Sí-mismo».*[3]

2. Carta del 16 de noviembre de 1959 a Valentine Brooke, en *Le Divin dans l'homme*, Albin Michel, 1999, pág. 136.
3. *La Vie symbolique. Psychologie et vie religieuse.* Albin Michel, 1989, pág. 225.

«No creo, sé»

Como fiel lector de Kant, Jung se cuida mucho de precisar que el Sí-mismo es un «concepto límite», sobre el que no podemos expresar ninguna afirmación de orden metafísico: no se puede decir nada del arquetipo de Dios o del Sí-mismo; lo único que podemos es vivir la experiencia, experimentarla y, a partir de ahí, asentar su existencia. Jung mantiene el mismo lenguaje que los grandes místicos cristianos defensores de una teología apofática –como el Maestro Eckhart, Jakob Böhme, Henri Suso o Jean Tauler–, que no dejan de repetir que de «Dios» no se puede decir nada: solamente se lo puede experimentar dentro del alma. Ésta es la razón por la cual, cuando le preguntan si cree en Dios, Jung responde: «No creo, sé». Esta respuesta suscitará numerosos malentendidos y, muy erradamente, se acusará a Jung de afirmar tener un conocimiento metafísico de Dios. Pero en absoluto es eso lo que él dice: él no sabe lo que es Dios, pero sí sabe que se puede vivir una experiencia de eso a lo que comúnmente se llama «Dios» a través de su arquetipo presente en la psique humana. A un universitario inglés que le pregunta cómo puede pretender no «creer» sino «saber» a propósito de Dios, Jung le responde: «Yo no he dicho, fíjese usted bien: "Hay un Dios". He dicho: "No necesito creer en Dios, sé". Lo cual no quiere decir: conozco a cierto Dios (Zeus, Yavé, Alá, el Dios trino, etc.), sino más bien que sé que estoy manifiestamente confrontado con un factor, en sí mismo desconocido, al que llamo "Dios"».[4]

Cuando Jung aplica a Dios la noción de arquetipo, no dice nada sobre su naturaleza propia. Reconoce simplemente que existe una imagen de Dios inscrita en nuestro inconsciente colectivo, cuya experiencia podemos vivir. Pero esa experiencia sigue siendo subjetiva e inefable.

Yo siempre estoy dispuesto a manifestar mi experiencia interna, pero nunca su interpretación metafísica; porque, si lo hago, reivindico implícitamente para ésta un reconocimiento universal. Debo manifestar, al contrario, que no puedo interpretar la experiencia interior en su realidad

---

4. Carta del 5 de diciembre de 1959 a Mr. Leonard, in *Le Divin dans l'homme, op. cit.,* págs. 138-139.

metafísica, porque esta realidad es de naturaleza transcendente y rebasa mis posibilidades humanas. Por supuesto, soy libre de creer lo que quiera sobre este tema, pero entonces eso es mi prejuicio subjetivo, con el que no quiero importunar a los demás y cuya validez universal, por otra parte, no puedo demostrar en modo alguno. [...] Todo lo que afirman los humanos sobre el tema de Dios no es sino pura palabrería; porque nadie puede conocer a Dios. Conocer algo significa, en efecto, verlo de tal manera que todos puedan verlo también, y para mí no tiene absolutamente ningún sentido afirmar un conocimiento que soy yo el único en tener. A las personas que lo hacen, las encontramos en el manicomio».[5]

Otro malentendido al que tiene que hacer frente Jung: los teólogos le acusan *a contrario* de «psicologizar» a Dios; en otras palabras, de ver solamente a Dios a través de la percepción de nuestra psique, lo cual sería tanto como negar su existencia. Pero Jung es muy claro en lo tocante a esto: el decir que Dios solamente puede percibirse a través de una experiencia del alma humana no significa que Dios solamente exista en la psique. Al igual que el que vive una experiencia interior de lo numinoso no puede objetivarla, asimismo el psicólogo no puede afirmar otra cosa que la existencia de una impronta de Dios en la psique, sin por ello pronunciarse sobre la existencia objetiva de Dios o no. Jung se mantiene necesariamente agnóstico y nunca puede afirmar que esa *imago* demuestre la existencia de Dios. Puede existir también por el hecho de que el ser humano cree en Dios o en fuerzas divinas desde hace milenios, lo cual habría dejado esta impronta en su psique.

Una concepción panteísta

Aunque Jung permaneció siempre mudo sobre sus íntimas convicciones metafísicas, se puede leer entre líneas que lo seduce intensamente una concepción panteísta en la que un divino inmanente impregna toda la creación —tanto el cosmos como el mundo de lo vivo y la psique humana—. En ese sentido van su pasión por la gnosis y la alquimia

---

5. Carta de junio de 1957 al Dr. Bernhard Lang, íbid., pág. 43.

–que están sostenidas por ese enfoque holístico y panteísta de un divino presente en todas las cosas–, sus convergencias de miras con la mística apofática cristiana –que afirma la existencia de una Divinidad incalificable presente por todas partes, más allá de la figura del Dios cristiano personificado– y, finalmente, su amor por la naturaleza.

No dice otra cosa su discípula más cercana, Marie-Louise von Franz, cuando escribe: Estaba convencido en lo más hondo de su ser de la existencia de un Dios poderoso, misterioso, incognoscible y oculto, que habla a cada uno desde la profundidad misma de su alma y se revela adoptando las formas y de la manera que él elige. Este Dios no solamente está oculto, vive en las profundidades de la tierra cubierta de hierba, en la naturaleza. La naturaleza representa para Jung el «mundo de Dios», pariente cercano de la «Naturaleza-Dios» de Goethe –misterio aplastante que nos rodea, lleno de acontecimientos y de figuras en las que se alían la belleza y el espanto–. Jung amó los animales no solamente en su infancia, sino toda su vida, y nunca se veía saciado de la belleza de nuestros lagos, de nuestros bosques, de nuestras montañas. La naturaleza representaba para él un valor supremo, y todas sus obras están salpicadas de descripciones sobrecogedoras».[6]

---

6. Marie-Louise von Franz, *C. G. Jung, su mito en nuestro tiempo, op. cit.*

3
EL CRISTIANISMO Y EL PROBLEMA DEL MAL

Al igual que Jung siempre estuvo dotado de una naturaleza «mística» que favoreció su acceso a experiencias numinosas, de igual modo su relación con la fe cristiana siempre fue densa y complicada. Todos recordamos que después de su primera comunión tuvo esta terrible sensación: «La iglesia era un lugar a donde no pensaba volver más. Allí, para mí, no había vida ninguna. Estaba la muerte». Así, Jung se mantuvo a distancia de la religión cristiana durante decenios. Finalmente fueron su descubrimiento del inconsciente colectivo y la constatación que realizará de una presencia en la psique de símbolos heredados de nuestra cultura los que le conducirán a reconsiderar el cristianismo como un hecho histórico y un «mito» fundamentales. Esto no le impedirá, durante toda su vida, conservar cierto malestar ante algunos símbolos y algunos representantes de la fe cristiana. Para no recoger más que un solo ejemplo, tuvo durante mucho tiempo el deseo de ir a Roma, y todas las veces que lo intentó se lo impidió algo. En 1949, a la edad de setenta y cuatro años, hace una última tentativa ¡y le da un síncope al adquirir el billete del tren! Es muy probable que su juicio sobre el cristianismo esté profundamente teñido de afectos y de recuerdos dolorosos de su infancia. Incluso estoy convencido de que lo que animó toda su búsqueda personal y profesional fue un deseo, tanto inconsciente como consciente, de intentar revivificar el mito cristiano moribundo o de encontrarle una alternativa espiritual creíble.

Su descubrimiento progresivo del proceso de individuación, verdadero programa psicoespiritual de realización de uno mismo, aparece como respuesta a la decepción que ha sido para él su educación cristiana.

Tenemos un fuerte indicio de esto con sus *Siete sermones a los muertos,* que escribió en tres noches en un estado alterado de conciencia y que considera como «el preludio a lo que tenía que transmitirle al mundo sobre el inconsciente» y su primera intuición del proceso de individuación. Los sermones van dirigidos a siete muertos que regresan de Jerusalén sin haber encontrado en ella respuestas a sus preguntas. En el fondo, Jung tiene la intención de aportar respuestas a todos aquellos a quienes ya no aportan alimento las religiones tradicionales, empezando por el cristianismo: «En absoluto me dirijo, por otra parte, a los bienaventurados poseedores de la fe, sino a todos esos numerosos buscadores, para los cuales la luz está apagada, el misterio sumergido y Dios muerto».[1]

La identidad cristiana

Ya he traído a colación, a propósito de su encuentro con el Oriente, hasta qué punto insiste Jung en la necesidad de permanecer cada uno espiritualmente arraigado en su cultura de origen. Está convencido de que no se puede cambiar de religión, porque ésta constituye una dimensión fundamental de nuestra identidad, tanto consciente como inconsciente. Social y culturalmente, pues, Jung se considera cristiano y sabe todo lo que le debe, tanto bueno como malo, al cristianismo. Se reconoce también plenamente en el mensaje ético del Evangelio, fundado sobre el amor al prójimo. A un interlocutor que le pregunta por qué no se ha apartado del protestantismo (hacia el que es particularmente crítico) para convertirse al catolicismo, le contesta: «Porque soy cristiano en la práctica, y el amor y la equidad hacia mi hermano tienen para mí más importancia que unas especulaciones dogmáticas de las que ningún ser humano podrá nunca saber si, en última instancia, son verdaderas o falsas».[2]

Jung muestra, por otro lado, que protestantismo y catolicismo ofrecen sendos rostros complementarios del cristianismo y que cada una de ambas confesiones posee cualidades y defectos fundamentales. En

---

1. *Psicología y religión, op.cit.*
2. *La Vie symbolique. Psychologie et vie religieuse,* Albin Michel, 1989, pág. 119.

el protestantismo, reconoce la gran cualidad de situar al fiel frente a una experiencia directa de Dios, lo cual también tendría como efecto el desarrollar en él un sentido moral y una responsabilidad más afilados que en los católicos. Más abandonado a sí mismo, el fiel protestante debe desarrollar una capacidad de autocrítica cuya importancia destaca Jung: «La autocrítica, en tanto que actividad de introspección y de discriminación, es indispensable para cualquier tentativa de comprender uno su propia psicología».[3] Subraya también que el relativismo propio del espíritu de la Reforma aporta más flexibilidad y variaciones que la intransigencia del catolicismo en la interpretación del dogma. Ello no obstante, le reprocha al protestantismo su carácter desecador y demasiado racional, que lo ha separado a cercén de la dimensión afectiva y simbólica esencial del cristianismo. El carácter sensible, femenino, inconsciente de la religión ha desaparecido en provecho de una fe únicamente consciente y racional, lo cual produce, según él, no pocas neurosis entre los fieles.

Señala Jung, en cambio, que hay entre sus pacientes muy pocos católicos practicantes, porque, según afirma, éstos encuentran en su práctica religiosa un rico universo simbólico y un acompañamiento espiritual que no deja de recordar al acompañamiento terapéutico. Jung subraya la importancia del ritual (en particular el de la misa) y de la confesión, siquiera en tanto que «método de higiene mental», y no vacila, en su práctica médica, en recomendar a muchos fieles católicos que vayan a confesarse y a comulgar, ¡por lo cual se le concedió una audiencia con bendición privada del papa, a cuyos oídos llegó noticia del asunto gracias al testimonio de una paciente romana de Jung! Con todo, no se priva de criticar la intransigencia del catolicismo, que se mantiene hermético a cualquier evolución de la doctrina y de la práctica pastoral.

El arquetipo del Cristo

Más allá de las diferentes confesiones, Jung profiere algunas críticas bastante radicales hacia la religión cristiana en general. La más impor-

---

3. *Psicología y religión, op. cit.*

tante concierne a su carácter externo (otro tanto ocurre con el judaísmo y el islam): Dios es presentado al mundo y al hombre como un ser totalmente transcendente, lo cual, más que al encuentro en el alma con una potencia interior, conduce a una sumisión a una entidad externa. Jung habla del transcendentalismo absoluto en términos de desarraigo: el fiel ya no busca lo divino en el interior de su alma, y ya solamente tiene acceso a ello a través del exterior, es decir, de la autoridad institucional y la norma teológica. De esto se desprenden un moralismo asfixiante y un racionalismo dogmático desecador: «Puede muy bien darse el caso de que un cristiano creyente en todas las figuras sagradas permanezca subdesarrollado y sin ningún cambio en lo más profundo de su alma, porque tiene a "todo Dios fuera" y no lo encuentra dentro de su alma. [...] El hombre interior se ha quedado apartado y, por consiguiente, permanece inalterado. El estado de su alma no se corresponde con la creencia que profesa».[4] Respecto a esto, Jung suele recordar que la noción de «imitación de Cristo», tal como la enseña la prédica cristiana, sigue siendo tributaria de esa comprensión externa de la espiritualidad: se procura imitar a Cristo como un modelo o un objeto exterior, venerándolo y siguiéndolo, hasta querer revivir —esto por lo que respecta a los atletas de la fe— su estigmatización y su pasión. Jung tiene una comprensión totalmente distinta de esto. «La exigencia de la imitación de Cristo, es decir, la de vivir según el ejemplo de Cristo con la intención de parecerse a él, debería tender al desarrollo y a la exaltación del hombre interior en cada uno».[5] Al igual que Jesús fue fiel a su misión interior entregando su vida, del mismo modo cada hombre debe comprender cuál es la vocación profunda, personal, singular, que le permitirá realizarse plenamente en tanto que ser humano y cumplir libremente su destino. Pero esto no pasa por una imitación mecánica y formal de la vida de Jesús, lo cual por otro lado es terriblemente aplastante y sería imposible para la mayoría de los hombres.

Además, Jung piensa que, más allá del hombre Jesús, la figura del Cristo es una «personificación del arquetipo del Sí-mismo». Emplea el

---

4. Psicología y alquimia, op. cit.
5. Íbid.

término *Anthropos* para referirse al arquetipo del héroe, del hombre realizado *(homo maximus)*, del que son personificaciones ciertas figuras históricas –Buda o Cristo– y mitológicas –Osiris, Dionisos o Mitra–. Ésta es la razón por la que a los exégetas y a los teólogos les es tan difícil desenredar los hechos reales de la vida de Jesús de los elementos míticos de los que están repletos los Evangelios (concepción milagrosa, milagros, Resurrección) y que también están presentes en la mayoría de las biografías de las demás figuras del *Anthropos* (nacimiento milagroso de Buda, muerte y resurrección de Osiris, etc.).

Al lado de un análisis racional posible e inspirador del mensaje del hombre Jesús, Jung invita a hacer una lectura simbólica de la vida de Jesús a través de su dimensión arquetípica. Por ejemplo, «la bajada de Cristo a los Infiernos, que se produjo durante los tres días posteriores a la muerte, describe la sumersión del valor desaparecido en el inconsciente, en el cual, mediante la victoria sobre el poder de las tinieblas, restablece un nuevo orden, y desde donde vuelve a subir hasta lo alto de los cielos, es decir hasta la claridad suprema del consciente».[6] Esta comprensión de lo que él llama el «mito cristiano» y su lectura simbólica de los Evangelios atraen evidentemente sobre él los rayos de los teólogos de su época, pero inspirarán unos decenios más tarde a numerosos psicólogos y psicoanalistas cristianos, como Françoise Dolto (*El Evangelio ante el psicoanálisis*), Simone Pacot (*Evangelizar lo profundo del corazón; aceptar los límites y curar las heridas*) y sobre todo el teólogo y psicoanalista alemán Eugen Drewermann, quien publicará en los años 1990-2000 una importante obra de inspiración junguiana, traducida en el mundo entero, que le costará el destierro de la enseñanza católica por parte de la Iglesia.

A esta crítica de una exterioridad demasiado acusada, típica de Occidente, le añade Jung, evidentemente, la del carácter proyectivo del cristianismo y de las demás religiones monoteístas: como Voltaire, Feuerbach y Freud sostuvieron antes que él, el ser humano ha proyectado su psique sobre ese Dios exterior, del que se ha formado una representación muy antropomórfica. Igualmente, en la estela de Freud, subraya también la brutal represión de los instintos en la religión

---

6. *Psicología y religión, op. cit.*

cristiana, el desprecio del cuerpo y la exaltación mórbida de la castidad. No deja tampoco de recordar que la dimensión de lo femenino se ha expulsado de la religión cristiana y se felicita por el dogma de la Asunción de la Virgen María, promulgado por Pío XII en 1950, que reintroduce una dimensión femenina en la figura arquetípica divina. «Éste es con toda seguridad el acontecimiento religioso más importante desde hace cuatrocientos años», escribe, aunque precisa que esa exaltación de lo femenino se hace en la Iglesia a través de la figura de una virgen-madre-inmaculada, que no puede tomarse literalmente como perteneciente a la humanidad real y debe ser comprendida como un símbolo, lo cual puede conducir a la misoginia –al ser consideradas las mujeres reales como una amenaza para la perfección espiritual masculina.

La cuestión del mal

Esta cuestión de la ausencia de femenino en el arquetipo del Dios cristiano (judío y musulmán igualmente) conduce a Jung a interrogarse sobre la ausencia en el Dios cristiano de otra realidad: la del mal. A imagen de los dioses del Olimpo, Yavé, el Dios del Antiguo Testamento, aparece como amoral –a la vez bueno y cruel, justo e injusto, misericordioso y tiránico–, y su pueblo lo teme tanto como lo ama. La teología cristiana procuró desembarazarse de esa ambivalencia divina de acentos antropomórficos construyendo el concepto de un Dios «enteramente bueno, en el cual no existe ningún mal ontológico o moral. Desde ese momento, el mal es considerado como *privatio boni,* privación del bien. En otras palabras, dado que no existe ningún mal en Dios, el Creador no puede estar en el origen del mal (su creación es enteramente buena) y éste no puede comprenderse sino como una ausencia de bien.

Jung no comparte en absoluto esta concepción que le niega al mal toda realidad sustancial, porque la juzga contraria a la experiencia que tenemos de la vida y del mundo, en donde el mal y el bien no dejan de entrechocarse. La considera incluso como «moralmente peligrosa, porque reduce el mal y lo reviste de irrealidad, y, al hacerlo, disminuye igualmente el bien, porque le priva de su indispensable contrario: no hay blanco sin negro, no hay derecha sin izquierda, no hay alto sin bajo, no hay calor sin frío, no hay verdad sin error, no hay luz sin tinieblas, etc. Si el mal es una ilusión, entonces necesariamente el bien también lo es».[7] Esta teología, que a él se le antoja ilógica e insensata, desde luego ya no le parece sostenible después de dos guerras mundiales atrozmente asesinas, la Shoah, Hiroshima y el Gulag:

El mundo cristiano está confrontado ahora con el principio del mal, es decir, abiertamente con la injusticia, la tiranía, la mentira, la esclavitud y la opresión de las conciencias. Si bien esta manifestación del mal sin afeites parece haber tomado una forma permanente en el pueblo ruso, ha sido entre los alemanes donde ha estallado el primer incendio gigantesco y devastador. Así, se hace evidente de manera irrefutable en qué grado se ha socavado, se ha vaciado el cristianismo del siglo XX. Frente a esto, el mal ya no se puede reducir a una fruslería mediante el eufemismo de la *privatio boni* –privación de bien–. «El mal se ha convertido en una realidad determinante».[8] Jung interpela a la teología cristiana, que debe, según él, volver a pensar de arriba abajo la cuestión del mal y comprender este último como una realidad sustancial que necesariamente dimana de Dios. Lo cual implica volver a pensar la sustancia divina como compuesta del bien y del mal.

Jung liga esta reflexión sobre el mal a otra preocupación constante en su obra: la del arquetipo de la cuaternidad, omnipresente en todas las culturas del mundo como esquema ordenador –cuatro puntos cardinales, cuatro estaciones, cuatro elementos, cuatro castas de la India, cuatro evangelios, cuatro nobles verdades del budismo, cuatro funciones de orientación de la psique, etc.–. Según Jung, la concepción trinitaria es mucho menos universal y, si hubiera que aplicar a Dios un número múltiple para intentar calificar las diferentes dimensiones de su ser, el modo cuaternario sería mucho más adaptado que el modo trinitario. Ya que el mito judeocristiano ha inventado a Satán como personificación y arquetipo del mal –un Dios enteramente bueno

---

7. Carta del 30 de abril de 1952 al padre Victor White, en *Le Divin dans l'homme*, Albin Michel, 1999, pág. 438.
8. *Recuerdos, sueños, pensamientos, op. cit.*

creó, así y todo, un ser totalmente maléfico (el diablo), lo cual no deja de ser incomprensible–, Jung propone reintroducirlo en la concepción de un Dios trinitario, que entonces se volvería cuaternario. Así, el Padre tendría dos hijos, uno que expresara la dimensión del bien, que se encarnará en Jesús, y el otro la dimensión del mal, personificada por Satán. Por eso, cuando da comienzo a su misión, el primer encuentro que vive Jesús es el de su sombra, en la persona de Satán que lo tienta en el desierto. Todo el Nuevo Testamento muestra esta polaridad y este combate entre las fuerzas del bien encarnadas por Cristo y las fuerzas del mal encarnadas por Satán. Son éstas, para Jung, las dos polaridades inseparables de la existencia, que vemos obrar en la naturaleza (el mundo es a la vez hermoso y cruel) y que encontramos en toda la historia y la psique humanas. En lugar de revestir de irrealidad el mal, mejor haría el cristianismo, según él, en reintroducirlo en el principio divino.

Este punto de vista, cuando menos iconoclasta, que Jung desarrolla en sus últimos libros sobre la religión (en especial *Aion* y *Respuesta a Job*) le conduce también a interrogarse –a partir de una reflexión del Maestro Eckhart sobre el nacimiento de Dios en el alma– respecto a la dimensión consciente e inconsciente de Dios, que necesita encarnarse en el alma humana para objetivarse. En otras palabras, Dios creó la humanidad para hacerse plenamente consciente en ella. Esta teoría suscitó un auténtico clamor de indignación entre los teólogos, tanto protestantes como católicos, que calificaron a Jung con ironía como «psiquiatra de Dios». Si bien, en efecto, no hay obligación alguna de seguir al médico suizo por el campo minado de la teología, no por ello deja de parecerme digna de interés su interpretación psíquica y simbólica del «mito cristiano» y del problema que plantea su explicación de la cuestión del mal. Queriendo hacer más presentable y tratable la figura de un Dios en el que solamente existe el bien, la teología cristiana finalmente dejó de lado la problemática del mal en su carácter más abrupto. Para Jung, la figura de un Dios paradójico es más creíble que aquella, amable y unívoca, de un «Dios bondadoso», que no da cuenta de la realidad compleja del mundo y del alma humana: «Una religión se empobrece interiormente cuando sus paradojas se menguan o se pierden, mientras que la multiplicación de éstas la enriquece, porque solamente la paradoja se muestra capaz de abarcar, siquiera sea de modo aproximado, la plenitud de la vida. Lo que es sin ambigüedad y sin contradicción no capta más que un lado de las cosas y, por consiguiente, es incapaz de expresar lo inasible y lo indecible».[9]

Vino nuevo en odres viejos

Por todas estas razones, Jung está convencido de que la tradición cristiana debe renovarse en profundidad si quiere continuar vivificando el alma humana y participando en la gran odisea de la conciencia. Se une así a las tesis sobre la evolución de la materia y del espíritu del padre Teilhard de Chardin, jesuita y científico; tesis que leerá en el crepúsculo de su vida y que le entusiasmará, como ya mencioné. Como escribe John Dourley, teólogo católico y psicoanalista junguiano, en *La Maladie du christianisme*:

«En el corazón del malestar junguiano reside la convicción de que el cristianismo contemporáneo ya no sirve a las armonías y unidades emergentes hacia las que va progresando la evolución personal e histórica. Aunque reconozca su contribución en el desarrollo de la civilización occidental, tiene que constatar que ese cristianismo se opone a las más profundas energías de la psique, las cuales "quieren" hacer progresar al individuo y la historia con modelos de integración personal, de simpatía y de relación ensanchadas. En este sentido, el cristianismo, más que favorecerlo, impide el desarrollo psicológico e histórico de la humanidad —si aceptamos al menos la afirmación que subtiende la psicología junguiana, a saber, que la obtención de la completitud constituye el objetivo y el valor últimos de la psique creadora de la historia—».[10]

Como, no obstante, sigue convencido de que Occidente no podrá prescindir del «mito cristiano» para proseguir su aventura histórica, Jung piensa que éste debe morir en su configuración actual para renacer dentro de una conciencia ensanchada. En otras palabras, no se

9. *Psicología y alquimia, op. cit.*
10. John P. Dourley, *La Maladie du christianisme. L'apport de Jung à la foi,* Albin Michel, 2004, pág. 90.

podrá edificar en Occidente una nueva espiritualidad prescindiendo del cristianismo, pero éste debe ser refundado y reformulado: «El mito tiene que ser objeto de un nuevo relato en un nuevo lenguaje espiritual, porque el vino nuevo hoy día, como tampoco en la época helenística, no puede meterse en odres viejos».[11]

Entre los numerosos remedios que propone (sin hacerse demasiadas ilusiones) para regenerar en profundidad la religión cristiana, Jung sugiere a la Iglesia que reintegre en su teología las grandes corrientes de pensamiento que antaño combatió como heréticas: la gnosis antigua, la alquimia medieval y a los grandes místicos apofáticos (el Maestro Eckhart, las beguinas, Jakob Böhme, Angelus Silesius, Nicolas de Flue), que vivieron y expresaron en un lenguaje paradójico una pujante e inmediata experiencia de lo divino y que hacen hincapié en el Dios interior. Enferma por su exteriorización, la espiritualidad cristiana podrá renacer de sus cenizas y proseguir su misión salvífica, antes que nada, mediante un regreso a la experiencia interior, que implica una inmersión en la psique inconsciente. Como dice tan atinadamente Simone Pacot, ha llegado la hora de la «evangelización de las profundidades».

---

11. Carta del 25 de septiembre de 1957 al reverendo David Cox, en *Le Divin dans l'homme, op. cit.,* pág. 126.

4

BAJO EL FUEGO DE LAS CRÍTICAS

«La psicología de Jung constituye a la vez la última validación de la religiosidad humana y su más esplendorosa crítica»,[1] escribe muy a propósito John Dourley. Es ésta la razón por la que, ya en vida de su autor, los escritos de Jung sobre la religión le pusieron en contra a casi todo el mundo. Los psiquiatras y los psicoanalistas freudianos lo califican de «místico» y niegan todo cientificismo a sus trabajos, mientras que los teólogos judíos y cristianos le reprochan que ofrezca la visión elitista de una espiritualidad puramente individualista y que reduzca a Dios a la psicología afirmando que todas las verdades metafísicas son, primero y antes que nada, fenómenos psíquicos.

Respuestas a las críticas de los científicos

Jung se defiende de los primeros devolviéndoles el cumplido: son ellos los que dan muestra de prejuicios negándose a reconocer el carácter profundamente religioso de la psique humana, puesto que eso va en contra de sus convicciones materialistas y antirreligiosas. A Andrew Eickhoff, autor de un ensayo sobre *Freud et la religion,* que le envía su manuscrito para recabar su parecer, le responde: «La actitud negativa de Freud constituyó uno de los puntos conflictivos entre nosotros. Era incapaz de admitir nada que rebasase el horizonte de su materialismo

---

1. John P. Dourley, *La Maladie du christianisme. L'apport de Jung à la foi,* Albin Michel, 2004, pág. 140.

científico, tanto a propósito de la fe judía o cristiana como de cualquier otra. No conseguí hacerle ver que su punto de vista era acientífico, que era del orden del prejuicio, y que su concepción de la religión descansaba en opiniones preconcebidas».[2] Y a un profesor de universidad estadounidense que le reprocha que caiga en «el ocultismo», porque se toma en serio «los fantasmas religiosos» de sus pacientes, le responde: «No se me alcanza por qué el estudio de los fantasmas sexuales sería más objetivo y más científico que el de cualesquiera otros fantasmas, los fantasmas religiosos, por ejemplo. Pero, por supuesto, los fantasmas sexuales no pueden ser sino ciertos y reales, mientras que el imaginario religioso no lo es, es un error, no debería existir, y ocuparse uno de eso, ¡es ser muy poco científico! Semejante lógica rebasa los límites de mi entendimiento».[3]

A sus interlocutores escépticos, Jung no deja de recordarles que confunden creencia y experiencia. Toda creencia puede ser discutida, refutada o considerada como ilusoria, pero una experiencia no. Como toda experiencia, «la experiencia religiosa es absoluta –afirma Jung–. Es indiscutible, en sentido propio. Uno solamente puede decir que no ha vivido tal experiencia, y el interlocutor responderá: "Lo lamento, pero yo sí la he vivido". Y ahí se acabará la conversación. Da lo mismo lo que piense el mundo de la experiencia religiosa; el que la ha vivido posee el inmenso tesoro de una cosa que le ha colmado con un manantial de vida, de significado y de belleza».[4]

Jung, de hecho, tiene que pelear sin tregua contra esa idea fruto de las Luces según la cual las religiones habrían nacido de la mente humana consciente con el objetivo de manipular a la gente. Así, unas cuantas mentes avispadas se habrían inventado dioses y dogmas para mangonear a los hombres a su antojo. Jung subraya la ingenuidad de esa tesis y recuerda que «a esa opinión se le opone la realidad psicológica de la dificultad que tenemos para aprehender intelectualmente los símbolos religiosos. En modo alguno provienen éstos de la razón, sino

---

2. Carta del 7 de mayo de 1956 a Andrew R. Eichkhoff, en *Le Divin dans l'homme*, Albin Michel, 1999, pág. 518.
3. Carta del 6 de octubre de 1954 al profesor Calvin S. Hall, en íbid., pág. 107.
4. *Psicología y religión, op. cit.*

de otro lugar. Del corazón, quizá, pero en todo caso de un estrato psíquico profundo que poco se parece a la conciencia, la cual, a su vez, no es otra cosa que superficie. Por eso los símbolos religiosos siempre tienen un carácter muy marcado de "revelación"; en otras palabras, por lo general son productos espontáneos de la actividad inconsciente del alma. Son todo lo que se quiera, salvo inventados por el pensamiento».[5] Observación que no contradice la posibilidad (que es una realidad histórica) de que hombres e instituciones procuren manipular los símbolos religiosos y la búsqueda de lo sagrado con fines de poder. Pero reducir la dimensión religiosa al uso que de ella han hecho los hombres es un error extendido por las mentes modernas, que Jung denuncia con sobrada razón.

Respuestas a las críticas de los teólogos

Aparte de esas críticas que dimanan de los medios psicoanalíticos y científicos, Jung tiene que hacer frente a ataques igualmente virulentos por parte de creyentes y teólogos que, sacudidos por sus tesis sobre la religión, lo acusan de reducirla «psicologizándola». Como ya he mencionado, él responde a esas críticas afirmando, por una parte, que nada puede escaparse de la psique humana, puesto que ella es la sede de toda experiencia, y, por otra parte, que no por ello significa esa afirmación que el objeto de la experiencia espiritual sea solamente psicológico. Por ejemplo, el hecho de que Dios se experimente en el alma humana no implica que no pudiera existir fuera de ella. Sobre esta cuestión metafísica, Jung se mantiene agnóstico: no sabe.

Otra crítica, totalmente defendible, concierne al carácter elitista de su comprensión de la experiencia religiosa como fundada antes que nada en lo numinoso. Todo el mundo no tiene naturaleza mística y no es capaz de vivir tales experiencias. Jung hace notar que el hecho de que esta experiencia interior de lo numinoso se nos haya hecho más difícil se debe sobre todo al carácter demasiado racional y exterior de nuestra psique occidental. Pero en las demás partes del mundo, en

---

5. *Energía psíquica y esencia del sueño.* Ediciones Paidós Ibérica, Barcelona, 2007.

Asia, en África o entre los amerindios, él ha podido constatar que no era ése el caso. Ésa es la razón por la cual está convencido de que la exploración de la psicología de las profundidades es un medio moderno de volver a entrar en contacto con los estratos profundos de nuestra psique, en los que residen los arquetipos religiosos. Pero se mantiene lúcido sobre el hecho de que numerosos individuos, al tener miedo de su propia interioridad, prefieren seguir modelos exteriores y dejarse guiar por instituciones o sociedades secretas:

«La sociedad secreta es un peldaño intermedio en el camino de la individuación: todavía se le confía a una organización colectiva el cuidado de lograr nuestra diferenciación a través de ella; es decir, que todavía no hemos discernido que, propiamente hablando, es tarea del individuo mantenerse sobre sus propios pies y ser diferente de todos los demás.

Todas las identidades colectivas, ya sean pertenencia a organizaciones, profesiones de fe en favor de tal o cual –ismo, etc.–, estorban y contrarrestan la realización de esa tarea. Esas identidades colectivas son muletas para paralíticos, escudos para ansiosos, sofás para perezosos, casas cuna para irresponsables, pero igualmente posadas para pobres y débiles, un remanso protector para los que han naufragado, el regazo de una familia para los huérfanos, una meta gloriosa y con la que ardientemente cuentan aquellos que han andado errantes y están defraudados, y una tierra prometida para los peregrinos extenuados, y un rebaño y un aprisco seguro para ovejas descarriadas, y una madre que significa alimento y crecimiento».[6]

Precisamente el ser muy consciente de que pocos individuos pueden ir solos y con sus propias herramientas hasta el final de su búsqueda espiritual y de realización es lo que hace que Jung considere las organizaciones religiosas como indispensables, aunque las critique. Y por eso, como hemos visto, reenvía a muchos pacientes suyos hacia su comunidad religiosa y a la práctica de sus ritos. Pero también, históricamente, abrió una vía nueva que, a partir de los años sesenta, ha incitado a orientarse hacia la experiencia interior, por singular y desestabilizadora que ésta pueda ser, a numerosos investigadores espiri-

---

6. *Recuerdos, sueños, pensamientos, op. cit.*

tuales e individuos empeñados en la búsqueda de sentido, que ya no se reconocían en las vías religiosas tradicionales. Les propone una espiritualidad más humana y englobadora, fundada en las energías del Sí-mismo, que obran encaminadas hacia una completitud: el proceso de individuación.

II
El proceso de individuación

PROCESO DE INDIVIDUACIÓN

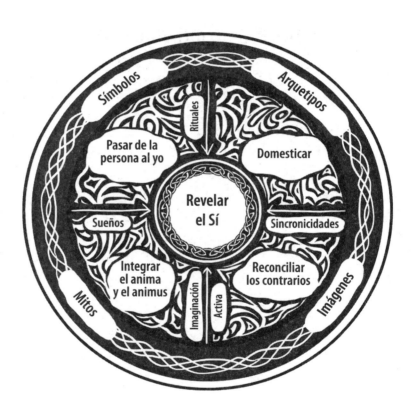

Como decía en la introducción, el pensamiento de Jung es circular en su estructura; de ahí la dificultad de exponerlo de manera lineal, al hilo de un trazado que presente alguna continuidad. Hoy se habla de «pensamiento arborescente», consecuencia de una multitud de conexiones neuronales en el cerebro, que se suele encontrar en aquellos a los que en nuestros días se denomina los «altos potenciales». Jung poseía, sin duda alguna, esta característica: su pensamiento se desplegaba en varias direcciones al mismo tiempo, dividiéndose cada idea en subideas, una y otra vez, de modo que la reflexión no se terminaba nunca Este visionario no conoció Internet, y, no obstante, su cerebro parecía funcionar a la manera de un sitio Web, mediante enlaces de hipertexto, pinchando de uno a otro, abriendo una página nueva antes de regresar a la anterior y luego pasar a otra nueva, desplegándose así hasta el infinito. Por otra parte, muchos de los libros de Jung son en realidad una yuxtaposición de conferencias que pronunció y de cartas que escribió. Y sus obras más clásicas no son de las más fáciles de leer, dado que pasan de una temática a otra sin tener forzosamente conexiones directas.

Deseoso de exponer el proceso de individuación, una especie de clave para la realización del Sí-mismo, que condensa las ideas más grandes de Jung, buscaba yo cómo hacerlo de la mejor manera para dar una visión clara del mismo. Tras largas horas de reflexión que se revelaron vanas, se me ocurrió la idea de dibujar un mandala, una forma familiar para Jung (*véase* pág. anterior). Ahí solté, abandoné mis costumbres para adoptar otro modo de pensamiento, más circular, que se encuentra más bien en Oriente. Como ya he mencionado, Jung, en efecto, había recibido gran influencia de Asia, que no utiliza las mismas herramientas que nosotros para pensar y reflexionar. En lugar de palabras compuestas por letras abstractas, los asiáticos recurren a signos gráficos, los ideogramas. Mientras que el pensamiento occidental es analítico y está bastante anquilosado en su modo de funcionamiento, el pensamiento oriental apela más a la experiencia y ofrece cierta flexibilidad en su caminar. No olvidemos tampoco que Jung trabaja con materia física viva, a partir de experiencias vividas y cambiantes que no se prestan a la sistematización. El proceso de individuación puede adoptar diferentes giros, según la situación y el individuo que lo emprenda. Por lo mismo, ese camino puede efectuarse en varios niveles y a veces incluso simultáneamente.

Empecé, pues, reuniendo los grandes conceptos junguianos por categorías, dejando obrar a mi intuición. Dibujé, borré, escribí, tracé flechas Y, contra toda expectativa, había desaparecido la dificultad con la que me topaba cuando quise hacer un esquema partiendo desde arriba hacia abajo. ¡El sistema circular funcionaba de maravilla! Hecho significativo; según Jung los mandalas nacen cuando el individuo necesita adentrarse en una vía unificadora:

Como muestra la experiencia, los mandalas aparecen con la mayor frecuencia en situaciones de turbación, de desorientación y de perplejidad. El arquetipo que, por compensación, constela esta situación, representa un esquema ordenador que en cierto modo viene a posarse por encima del caos psíquico, algo así como la retícula de una mira telescópica, como un círculo dividido en cuatro partes iguales, lo cual ayuda a cada contenido a encontrar su sitio y contribuye a mantener en su cohesión, gracias al círculo que delimita y que protege, los elementos de una totalidad que corre peligro de perderse en una vaguedad indeterminada».[1]

El mandala aparece así como respuesta al desorden. Es un movimiento que va del exterior hacia el interior, hacia un centro en torno al cual se ordena todo. Compuesto de varias formas geométricas, se divide en un dispositivo simétrico del número cuatro y de sus múlti-

---

1. *Un mito moderno: de cosas que se ven en el cielo.* Editorial Pablo Vergel Fernández, 2018.

plos. Así pues, ¡descubrí sin sorpresa que el mandala que acababa de trazar espontáneamente funcionaba, en efecto, en modo cuaternario, tan del gusto de Jung! Según él, la cuadratura del círculo es una operación fundamental para activar el movimiento y pasar de la transcendencia al mundo sensible, y a la inversa. Representa la fuerza arquetípica de la naturaleza que permitirá armonizar la vida psíquica del individuo. Todos los elementos que yo había anotado para establecer el desarrollo del proceso de individuación se reagruparon de manera lógica de cuatro en cuatro, como para representar gráficamente las cuatro funciones de la mente que permiten aprehender el mundo: pensamiento, sentimiento, sensación e intuición.

Estructuré espontáneamente el resto «por reflexión» a partir del centro. Henos, pues, aquí en presencia de una figura que puede leerse desde diferentes ángulos para desembocar siempre en la misma meta, el estado central. Jung, por otro lado, pensaba que para llegar al Sí-mismo, el único desarrollo posible era circular, «circumambulatorio», y no lineal: «Un desarrollo unívoco existe como mucho al principio; después todo no es ya otra cosa que indicación hacia el centro».[2] Poderoso soporte de meditación, la estructura laberíntica del mandala sugiere así un trayecto psicológico lógico: «El mandala es la representación y al mismo tiempo el soporte de una concentración exclusiva sobre el centro, alias el Sí-mismo».[3] Expresión de todos los caminos que conducen al centro, y por lo mismo de la andadura hacia el Sí-mismo, es una notable herramienta de introspección y de reflexión en el trabajo terapéutico, lo cual permite un proceso de crecimiento y de maduración.

Dado que había que tomar una opción, coloqué ese centro, el Sí-mismo, al inicio de esta parte para acometer el proceso, pero también se podría leer este capítulo empezando por el final, o por cualquier otro sitio. Así, queda invitado el lector a hacer una cala allí donde le lleve su intuición, según su personalidad y sus necesidades del momento. Trataré en un primer capítulo de los arquetipos, las imágenes, los símbolos y los mitos. Son los lenguajes que el inconsciente, y a

---

2. *Recuerdos, sueños, pensamientos, op. cit.*
3. *Psicología y religión, op. cit.*

veces incluso el consciente, utiliza a través de una segunda categoría de elementos reunidos bajo el nombre de mediadores: los sueños, las sincronicidades, la imaginación activa y los rituales.

Terminaré con el caminar propuesto por Jung: pasar de la persona al yo, domesticar la propia sombra, integrar el animus y el anima y armonizar los contrarios. Tampoco en esto hay orden, como por otro lado suelen confirmarlo los discípulos de Jung. Lo importante es llegar al Sí-mismo, que representa la parte divina que hay en nosotros, situada simbólicamente en nuestro centro. Más que un trabajo psicológico de desarrollo personal, el proceso de individuación es un camino espiritual.

Es en 1916, en *Los siete sermones a los muertos,* cuando aparece por primera vez en la obra de Jung la idea de un proceso de individuación, el *principium individuationis,* que él define como el principio mismo de la criatura humana. «Las tendencias naturales del ser vivo van hacia la individualidad y hacia la lucha contra la uniformidad, que es primitiva y peligrosa»,[4] subraya. Para él, convertirse en un individuo es salir del caos de lo indiferenciado, que representa un gran peligro. Mediante el proceso de individuación, designa el proceso por el cual un ser se convierte en un «in-dividuo psicológico, es decir una unidad autónoma e indivisible, una totalidad»;[5] en otras palabras, un individuo único que se acerca lo más posible a su singularidad.

La palabra «proceso» toma su origen del latín *procedere,* que remite a un progreso, a un caminar hacia delante. Y la palabra «individuación», del latín *individus,* significa «indiviso». Podríamos así traducir «proceso de individuación» por «realización de uno mismo». Para Jung, «la vía de la individuación significa: tender a convertirse en un ser realmente individual y, en la medida en que entendemos por individualidad la forma de nuestra más íntima unicidad, nuestra unicidad última e irrevocable, se trata de la realización del propio Sí-mismo en lo más personal y rebelde a toda comparación que existe».[6] Ello no

---

4. *Jung gnóstico y Los siete sermones a los muertos.* Editorial Sirio, Málaga, 2005.
5. *La Guérison psychologique,* Librairie de l'université Georg, 1953, pág. 255.
6. *Las relaciones entre el yo y el inconsciente.* Ediciones Paidós Ibérica, Barcelona, 2009.

obstante, la individuación no es «individualismo», que induce una actitud de afirmación y de preferencia por uno mismo. Manteniéndose fiel a su propia naturaleza, el individuo comprometido en este proceso no excluye ni al otro ni al universo; antes al contrario, los incluye y los acoge.

1
EL SÍ-MISMO

Del mí al Sí-mismo

El proceso de individuación es impulsado por el Sí-mismo, que es el centro organizador de donde emana la acción reguladora, por oposición al yo consciente, que no representa la integralidad de la psique puesto que excluye al inconsciente. Recordemos, recogiendo las propias palabras de Jung, que «hay que entender por yo el elemento complejo al que se refieren todos los contenidos conscientes. Forma en cierto modo el centro del campo de la conciencia y, en tanto en cuanto que éste abarca la personalidad empírica, el «yo» es el sujeto de todos los actos conscientes personales».[1] El yo no es un concepto, sino más bien una realidad que posee un conocimiento relativamente bueno de sí misma. La conexión con el yo es el paso previo para un descubrimiento del Sí-mismo. Por eso, el grado de desarrollo del Sí-mismo, al que hay que considerar como una especie de guía interior, depende de la buena voluntad que ponga el yo para escuchar sus mensajes. Porque es, en efecto, el yo el que ilumina la totalidad del sistema psíquico para hacerlo consciente y hacer que emerja el Sí-mismo, imagen arquetípica del centro de la personalidad, que reúne la suma de sus datos conscientes e inconscientes. Esta personalidad profunda surge del yo.

Una vez iniciado, ese proceso de individuación no se detiene en ningún momento, aunque nunca quede definitivamente adquirido. El Sí-mismo es una entidad en perpetua mutación, en función de las

---

1. *Aion. Contribuciones al simbolismo del sí mismo.* Eds. Trotta, Madrid , 2011.

fluctuaciones del mundo interior y exterior. «La travesía de las zonas oscuras y los elementos que vamos encontrando, que dimanan del inconsciente personal, más concretamente la sombra, conducirán a tomas de conciencia cada vez más frecuentes y eficaces»,[2] subraya Carole Sédillot, la experta conocedora del pensamiento junguiano. Esta evolución se vive a través de una sucesión de mutaciones, de tránsitos, de pruebas y de confrontaciones del consciente con el inconsciente, que por esa misma vía confirman las relaciones entre el yo y el Sí-mismo. Es la historia de toda una vida, que se teje a la vez en terapia y fuera de la terapia. Porque, como señala Jung, «a veces, pasados unos años, se encuentra uno con antiguos pacientes, y en ese momento te hacen el relato, muchas veces notable, de sus metamorfosis posteriores al tratamiento».[3]

Hay que saber que, sea cual sea el trabajo iniciado por el yo para explorar los focos inconscientes, el centro psíquico del Sí-mismo sólo llegará a ser parcialmente consciente. En suma, el yo existe y el Sí-mismo siempre queda en parte por descubrir.

El Sí-mismo es una entidad «sobreordinada» al yo, escribe Jung. El Sí-mismo abarca no solamente la psique consciente, sino también la psique inconsciente, y por este mismo hecho constituye, por así decir, una personalidad más amplia, que también somos No cabe, por otro lado, alimentar la esperanza de alcanzar jamás una conciencia aproximada del Sí-mismo; porque, por muy considerables y extensos que sean los sectores o los paisajes de nosotros mismos de los que podamos tomar conciencia, no por ello dejará de subsistir una masa imprecisa y una cantidad imprecisable de inconsciencia, que forma, también ella, parte integrante de la totalidad del Sí-mismo».[4]

Es una especie de ideal por alcanzar que da sentido al camino recorrido.

2. Carole Sédillot, *Jung, explorateur de l'esprit*, Dervy, 2018, pág. 229.
3. *Psicología y alquimia, op. cit.*
4. *Las relaciones entre el yo y el inconsciente, op. cit.*

La metáfora del centro

Si la imagen del alma es concéntrica, el proceso de individuación provoca un ensanchamiento de ella. «Mediante la reunión de aquello que es cambiante, mediante la ordenación dentro del caos, la unificación de las desarmonías y la disposición alrededor de un centro, es decir mediante la limitación de lo múltiple [...], la conciencia debe quedar de nuevo ligada al inconsciente y el hombre inconsciente a su centro, que es, al mismo tiempo, el centro de Todo»,[5] según Jung. Ese centro constituido por la totalidad de la psique original, el Sí-mismo, es el inventor, el organizador y la fuente de las imágenes oníricas. La transformación se opera cuando el individuo toma contacto con ese punto vital, haciendo viajes de ida y vuelta desde el centro hacia el exterior y desde el exterior hacia el centro. Esta danza representa en cierto modo el movimiento de la vida psíquica del individuo.

Según Jung, los seres humanos siempre han tenido conocimiento de la existencia de tal centro a través de la intuición.[6] Por otro lado, el término «Sí-mismo» no es nuevo y, como ya he mencionado, lo tomó prestado el psiquiatra de los textos indios de los *Upanishads*. Equivale sensiblemente a la palabra sánscrita *atman*. Son sinónimos de él: hálito, principio esencial de vida, alma, esencia. El *atman* designa al individuo en su verdad profunda, sutil y espiritual, de la que el yo no es más que un envoltorio, una cristalización.

Podemos considerar al Sí-mismo como un guía interior, distinto de la personalidad consciente, que tan sólo podemos aprehender puntualmente y que siempre está por descubrir, dado que es un valor inconsciente.

A veces Jung compara también el Sí-mismo con el *purusha*, que remite a la pura conciencia original, divina, inmutable según los *Samkhya karika*, texto sánscrito de filosofía india que data de 350-450 de nuestra era. Sean cuales sean las tradiciones, sigue siendo muy difícil de definir, porque está «más allá» del yo consciente.

---

5. *Los orígenes e historia de la conciencia* (prólogo al libro de Erich Neumann, 1960). Editorial Traducciones Junguianas (blog), 2017.
6. *La Vie symbolique. Psychologie et vie religieuse*, Albin Michel, 1989, pág. 161.

El Sí-mismo es el foco del que brotan los arquetipos y los símbolos, que constituyen la vía regia para acceder a las nociones de totalidad y de centro. Por otra parte, el concepto de Sí-mismo raramente se personifica, sino que con más frecuencia se representa mediante símbolos que componen sentido, como el del círculo. Al contener a la vez el inconsciente personal y el inconsciente colectivo, el Sí-mismo es el centro de la personalidad que, por definición, no deja de cambiar. Más que procurar definirlo, se trata de vivirlo a través del proceso de individuación. Como dice Jung, refiriéndose a la Gran Obra de los alquimistas, «es la experiencia vivida, y no los libros, lo que conduce a la comprensión».[7]

Una búsqueda de sentido

Este proceso de crecimiento psíquico, casi invisible, lento pero ininterrumpido, se impone al individuo de modo totalmente natural. No procede de un esfuerzo consciente de la voluntad, se realiza de manera espontánea e inconsciente en un momento dado de la existencia. Nace de una necesidad profunda de sentido o de cambio de sentido, a resultas de algún sufrimiento. Lo cual muchas veces se corresponde con la crisis existencial de la mitad de la vida. Para Jung, la meta de la primera parte de la vida es, de manera natural, establecerse en el mundo, ganar dinero y criar a los hijos. En la segunda parte de la vida, los valores de la juventud necesitan reevaluarse, integrando aspectos poco desarrollados de la personalidad, opuestos, incluso, a aquellos a los que hasta entonces se les daba preeminencia. Este momento también lo puede provocar una gran conmoción social, sanitaria o política (una guerra, una catástrofe natural o incluso una epidemia, como es el caso, por ejemplo, en este momento con la Covid-19).

Jung está convencido de que el organismo psíquico tiene como finalidad autorrealizarse, orientarse hacia la completitud. Pero esta tendencia natural no le impide al individuo participar conscientemente en su desarrollo interior ni intervenir en el proceso si lo desea. Cabe

---

7. *Psicología y alquimia, op. cit.*

identificar tres grandes fases. En un primer momento, vemos establecerse un ensanchamiento de la conciencia, porque se hacen conscientes varios contenidos inconscientes. En un segundo momento, la influencia dominante y excesiva del inconsciente sobre el consciente va perdiendo fuerza poco a poco. Finalmente, todos estos elementos combinados permiten una modificación de la personalidad. Así queda realizado el proceso de individuación.

Se trata de morir a cierto estado para renacer a un estado nuevo, más evolucionado, más consciente. Conectar el yo con el Sí-mismo es un proceso personal delicado, que exige una energía considerable, dado que el Sí-mismo obliga sin cesar al yo a rebasarse a través de nuevas tomas de conciencia. Jung incita a la prudencia a aquellos que se adentren en este camino, porque esa asimilación puede crear también una inflación del yo y conducir a la catástrofe psíquica. Para que se logre el proceso de individuación, es importante respetar tres condiciones. En primer lugar, el yo debe permanecer bien anclado en el mundo consciente. En segundo lugar, el Sí-mismo no debe asimilarse completamente al yo. En tercer lugar, el yo no debe confundirse con el Sí-mismo. Porque tomar conciencia de los valores del yo no significa que hayamos alcanzado el Sí-mismo. Hay que habitar el propio yo y caminar hacia el Sí-mismo, manteniéndonos vigilantes para no confundirlos.

En realidad es la parte emergida del Sí-mismo la que ofrece el verdadero sentido. La realización del Sí-mismo propio de cada uno es, por otro lado, el sentido de la vida misma. Paralelamente, el yo se ilumina a la luz del Sí-mismo. La psicología de las profundidades apunta a esta individuación, que implica, recordémoslo, la confrontación entre el consciente y el inconsciente. Para Jung, «cuanto más numerosos son y más llenos de sentido están los contenidos del inconsciente asimilados al yo, más se acerca el yo al Sí-mismo, aunque esta aproximación nunca pueda completarse».[8] Se trata de tender hacia. Jung equipara esta exploración del inconsciente a la antigua e intemporal vía iniciática de los alquimistas y de su piedra filosofal.[9] Toda su obra se articula en torno a esta búsqueda de sentido.

---

8. *Aion, op. cit.*
9. *Le Divin dans l'homme*, Albin Michel, 1999, pág. 24.

En definitiva, toda vida es la realización de un todo, es decir de un Sí-mismo, razón por la cual a esta realización se le puede llamar individua-ción. Porque toda vida está ligada a portadores[10] y a realizadores individua-les, y es absolutamente inconcebible sin ellos. Pero cada portador recibe también un destino y una especificidad que le son propias, y solamente su realización es la que confiere un sentido a su existencia. Es un hecho que «el sentido» podría muchas veces ser llamado «sinsentido», pero hay cierta inconmensurabilidad entre el misterio de la existencia y la mente humana. «Sentido» y «sinsentido» son interpretaciones forjadas por el hombre y cuyo objetivo es darnos una orientación suficientemente válida».[11]

La experiencia numinosa

Como hemos visto anteriormente, la palabra «numinoso» la tomó Jung del teólogo Rudolf Otto, quien la define a la vez como energía y sentimiento. Dado que señala el impacto, en el alma, de la relación con la transcendencia, «la experiencia numinosa» engendra la comu-nión o la completitud perfecta. Se reconoce en el hecho de que impli-ca a la totalidad del alma. El alma es un sistema en equilibrio entre los dos polos del yo y del Sí-mismo, y, para Jung, el centro del alma es el lugar de encuentro con lo divino: «El alma debe poseer en sí misma una facultad de relación, es decir una correspondencia con la esencia de Dios; de otro modo, nunca podría establecerse relación alguna. Esta correspondencia, en términos psicológicos, es el arquetipo de la imagen de Dios».[12]

El proceso de individuación es una manera de experimentar lo di-vino en nuestro interior: «Las experiencias psicológicas en las que se manifiesta de manera viva la totalidad psíquica expresan al mismo tiempo la idea y la presencia de un Dios».[13] Cuando Jung afirma que

---

10. Se refiere a portadores de determinadas cualidades. (*N. de la T.*, comunicación personal del autor).
11. *Psicología y alquimia*, op. cit.
12. Íbid.
13. Citado en Ysé Tardan-Masquelier, *Jung et la question du sacré*, Albin Michel, 1998, pág. 150.

los impulsos que descubrimos dentro de nosotros deben comprenderse como «voluntad de Dios», entiende que deben ser considerados como datos absolutos. Con el término «Dios», designa entonces esa fuerza que se acerca al hombre y lo determina desde el exterior, como la providencia o el destino.[14]

En *Aion. Contribuciones al simbolismo del sí-mismo,* Jung cita la frase de Clemente de Alejandría en *El Pedagogo* (III, I): «Si un hombre se conoce a sí mismo, entonces conocerá a Dios». La unicidad de su personalidad, al unir a la vez los mundos colectivo e individual y los mundos inconsciente y consciente, le permitirá acceder a las verdades esenciales. El Sí-mismo o el sentimiento de totalidad hace que el individuo se asemeje a Dios o, cuando menos, le hace acercarse a él. Pero en ningún momento confunde Jung al individuo con Dios. «El "Sí-mismo" no toma absolutamente nunca el lugar de Dios, pero puede darse el caso de que sea un canal para la gracia divina».[15] En el transcurso de la experiencia numinosa, el hombre experimenta el poder del inconsciente colectivo y entra en contacto con el arquetipo de Dios[16] en sentido general para efectuar la realización de su totalidad, es decir del Sí-mismo. «La individuación es la vida en Dios»,[17] escribe Jung, quien subraya aún: «El abandonarse a Dios es una aventura formidable y tan "simple" como cualquier situación cuyo control ya no está en manos del hombre. [...] Una experiencia de este tipo siempre es numinosa, porque reúne todos los aspectos de la totalidad».[18] Ello no obstante, ¿es el Sí-mismo transcendencia o inmanencia divina? Jung no lo sabe, nunca lo zanja, y deja a cada uno la posibilidad de formarse su opinión, según sus propias referencias, sean éstas a una religión o no.

La experiencia del Sí-mismo va casi siempre asociada a un sentimiento de intemporalidad, de eternidad o de inmortalidad. Como expone Jung, nuestra totalidad psíquica se extiende mucho más allá de

---

14. *Aion, op. cit.*
15. Carta del 22 de septiembre de 1944 a H. Irminger, en *Le Divin dans l'homme, op. cit.,* pág. 74.
16. *Véase* después, capítulo «Los lenguajes», pág. 173.
17. *La Vie symbolique, op. cit.,* págs. 176-177.
18. Íbid., pág. 139.

los límites del espacio y del tiempo.[19] Infinita o eterna, se reúne con lo pleno o con el vacío, a lo que califica de *pleroma* en *Los siete sermones a los muertos*: «Nosotros somos […] el *pleroma* mismo, puesto que somos parte integrante del infinito y de la eternidad. Pero en esto no tomamos parte en modo alguno, puesto que estamos infinitamente alejados del *pleroma;* no espiritualmente sino en nuestra propia esencia, ya que somos distintos de él en tanto que *creatura* limitada en el tiempo y en el espacio. No obstante, el *pleroma* también está en nosotros, puesto que nosotros somos partes de él».[20]

En el momento en el que el hombre actualiza su individuación, alcanza lo universal. Próximo al estado de completitud, se siente religado al cosmos.

19. Íbid., pág. 155.
20. *Jung gnóstico y Los siete sermones a los muertos, op.cit.*

2

LOS LENGUAJES

Más allá de las palabras, el proceso de individuación puede hacerse por intermediación de otras herramientas de lenguaje, tales como los símbolos. Estos símbolos están presentes en los arquetipos y en todas esas imágenes primordiales presentes en los mitos y los relatos con los que el ser humano entra en contacto a través del diálogo entre su consciente y su inconsciente. Es frecuente mezclar un poco todas estas nociones (símbolos, arquetipos, imágenes, mitos) que, a pesar de los puntos de contacto que tienen, encierran todas ellas una existencia propia y sutilezas en su respectiva definición. El propio Jung evolucionó en el empleo y la comprensión de estos términos, lo cual ha provocado numerosos errores de interpretación. Un arquetipo es una forma típica de concepción, común a la estructura psíquica de todos los hombres, que a veces se apoya en una imagen o un mito, al igual que un símbolo puede también ser una imagen, pero no sólo. A propósito de los arquetipos, Jung no deja, por otro lado, de señalar su carácter inasible por las palabras: «Me doy cuenta de que es difícil aprehender este concepto [de los arquetipos] porque intento describir con palabras algo que, por naturaleza, no es susceptible de una definición precisa».[1] Si bien no nos queda más remedio que utilizar palabras para definir símbolos, arquetipos e imágenes, Jung nos recuerda que éstas son insuficientes, solamente complementarias, porque la comprensión de estas nociones pasa ante todo por la experiencia vivida. Parece, pues, importante recapitular sobre el conjunto de estas herramientas, formas de lenguaje que nacen entre naturaleza y cultura.

---

1. *El hombre y sus símbolos, op.cit.*

Los símbolos

La palabra «símbolo» proviene del griego *symbolon,* derivado del verbo *symballein,* que significa «juntar», «poner juntos», «reunir». Un símbolo puede ser una palabra, una imagen, un objeto, un ser vivo, un acontecimiento, un color o incluso un pensamiento que representa «algo» diferente, por asociación, semejanza o convención, y que, por consiguiente, está «más allá». Ese «algo» se convierte en símbolo cuando hay proyección del imaginario sobre lo real, pero también a partir del momento en el que su sentido primario e inmediato es desviado e interpretado de una manera diferente por un individuo o un colectivo. Un símbolo se desvela siempre en la mirada de un tercero que lo identificará. Contiene una carga emocional particular propia de este último y se reconoce en eso. Al no ser generalizable, tiene, pues, un valor subjetivo y forzosamente único, aun cuando está dotado de sentidos múltiples e inagotables. Por ejemplo, la bandera de una nación es un símbolo que para ésta reviste un sentido particular.

Tal como lo concibe Jung, el concepto de símbolo no tiene nada en común con la noción de signo: al permitir ampliar el sentido, el símbolo remite a otra realidad diferente de él mismo. Dado que pertenece al campo de la abstracción, implica algo difuso, desconocido, misterioso, incluso oculto para el individuo. Imagen visible de lo invisible, el símbolo representa un concepto o una idea que el individuo no puede definir o comprender plenamente con su razón, sino que le habla a su inconsciente. En suma, el símbolo es una representación que compone sentido. La religión, la filosofía y la alquimia utilizan los símbolos, y asimismo el arte. Como veremos, éstos aparecen en los sueños, las sincronicidades, las imaginaciones activas (que podríamos comparar a meditaciones guiadas) y los rituales.

¿Qué papel desempeñan los símbolos? Lenguaje de imágenes y de emociones, dan valor a las palabras, a los objetos y a las personas. Hay que tener en cuenta su valor afectivo y, por consiguiente, su vivísima realidad en la psique del individuo que entra en contacto con ellos. El ser humano es un gran creador de símbolos, porque la utilización de sus sentidos y de su razón limita su percepción del mundo. «Un símbolo es para mí *la expresión sensible de una experiencia interior intensamente vivida»*,[2] precisa Jung. Es también la expresión del enriquecimiento de la conciencia a través de la experiencia vivida. El símbolo se vive, y activa de manera completamente natural el proceso de evolución.

Jung explica que los símbolos no dimanan ni únicamente del consciente ni únicamente del inconsciente, sino de una concurrencia paritaria de ambos. Al establecer correspondencias entre consciente e inconsciente, son excelentes mediadores y traductores para una mejor comprensión de uno mismo. «El símbolo es esa palabra que sale por la boca, que no pronunciamos, pero que sube de las profundidades del Sí-mismo como una palabra de fortaleza y de desazón y que inopinadamente se posa en la lengua»,[3] indica Jung. En esto, los símbolos constituyen una potente energía de la que el yo puede beber para encaminarse hacia el Sí-mismo. Son reveladores fiables del estado del alma y de su evolución. A través de ellos, es el alma la que se autorrepresenta.

Los símbolos no solamente revelan, sino que también unifican, permitiendo así soportar la angustiosa realidad del mundo. Fragmentos de una unidad quebrada, los símbolos son el reflejo de una situación problemática que aún no ha sido aprehendida por la conciencia. Activan una energía primitiva, a menudo reprimida, que les permite restablecer equilibrios perturbados. A modo de trazos de unión entre el yo y el Sí-mismo, son tentativas naturales para reconciliar y reunir las oposiciones características de la psique. A través de ellos puede el consciente asimilar los contenidos del inconsciente. En cierto modo, el símbolo tal como Jung lo presenta reúne lo que está separado y permite volver a ponerse en contacto con una totalidad o recuperar una unidad. Y en esto es una valiosísima herramienta para activar el proceso de individuación.

Existen símbolos aportados por la naturaleza y otros por la cultura, aunque ambas se entremezclen con frecuencia y aunque la cultura moldee la naturaleza. En todos los casos, hay símbolos eternos que la Escuela de Psicología Analítica de Jung rehabilitó. Éstos pertenecen a

---

2. Carta del 10 de enero de 1929 al Dr. Kurt Plachte, en *Le Divin dans l'homme*, Albin Michel, 1999, pág. 149.
3. *El libro rojo de Jung*, Editorial El Hilo de Ariadna, Buenos Aires, 2014.

esa herencia común transmitida por la psique humana que el psiquia-tra denomina el «inconsciente colectivo». En otras palabras, el incons-ciente colectivo habla a la conciencia por medio de esos símbolos. Podemos citar el sol, la luna, el cuadrado, el círculo, etc. Cada uno de estos símbolos tiene un sentido heredado de ese inconsciente colecti-vo. En suma, una energía pura cobra forma o sentido en un símbolo que se expresa mediante una imagen, la cual, si es ampliamente com-partida, entra a formar parte del inconsciente colectivo. Y cuando el sentido de ese símbolo es universal, éste se convierte en un arquetipo, pero volveremos sobre esto.

Para comprender bien los símbolos, conviene analizar las analogías existentes entre los mitos antiguos y la historia del hombre moderno. A veces, ciertos símbolos antiguos, no muertos del todo, buscan cómo renacer adoptando otras formas. «En nuestros días, los animales, los dragones y otros seres vivos son fácilmente sustituidos por trenes, loco-motoras, bicicletas, aviones y otros objetos artificiales de esta índole»,[4] subraya Jung, porque el hombre se ha alejado considerablemente de la naturaleza. Para ser considerado como tal, el símbolo tiene que conte-ner una parte de misterio: «Mientras un símbolo está vivo, es la mejor expresión posible de un hecho; solamente está vivo mientras esté preña-do de significado. Si ese significado sale a la luz; en otras palabras, si se descubre la expresión que formulará de la mejor manera la cosa busca-da, esperada o presentida, entonces el símbolo muere: pasa a tener so-lamente un valor histórico».[5] A partir del mismo momento en el que el símbolo muere, se vuelve a convertir en simple signo.

Como hemos visto, el símbolo del centro remite a la realización del Sí-mismo en numerosas culturas. Anuncia asimismo el carácter numi-noso o el misterio de una vida divina por venir. Pero también puede remitir al reloj del mundo[6] o a la rueda del zodíaco. Cristo también es un símbolo del Sí-mismo. Otros ejemplos de símbolos: el del fuego, que remite a la vida, o el de la cruz, que reviste varios significados según

---

4. Carta del 23 de abril de 1949 a Christian Stamm, en *Le Divin dans l'homme, op. cit.*, págs. 158-159.
5. *Tipos psicológicos, op. cit.*
6. *Psicología y religión, op. cit.*

las tradiciones. Entre los demás símbolos cristianos encontramos el pan y el vino, que evocan el cuerpo y la sangre de Cristo. También en la tradición yóguica, los siete chakras son puntos fisiológicos que tienen cada uno un valor simbólico diferente. «Encarnan hechos psicológicos particularmente complejos que sólo podemos expresar en imágenes. En consecuencia, los chakras tienen un gran valor para nosotros, puesto que realmente aspiran a fundar una teoría simbólica de la psique»,[7] explica Jung. Compara igualmente el simbolismo de los textos alquímicos con el del proceso de individuación. Para Jung, la psique es una cosa tan amplia, compleja y rica que necesitamos los símbolos para representárnosla y aprehender su sentido. No obstante, insiste en precisar que la creación de éstos escapa completamente de nuestra voluntad, emergen espontáneamente gracias a nuestra intuición: «Los símbolos son productos naturales y espontáneos. Ningún genio ha tomado jamás una pluma o un pincel diciéndose: ahora voy a inventar un símbolo».[8]

Concluiré esta cuestión del símbolo con estas palabras tan poderosas de Jung: «El tener el sentimiento de llevar una vida simbólica, de ser un actor del drama divino, le da al ser humano la paz interior. Es lo único que puede darle un sentido a la vida humana».[9] Los símbolos son comprendidos como la expresión de los ritmos y de los movimientos más profundos de la vida psíquica y espiritual. Por un lado, producen una imagen en la conciencia; por el otro, son los reveladores del inconsciente colectivo y remiten a un arquetipo. Siendo energía pura, dan lugar a la revelación de algo oculto e intensamente numinoso. Participan en el proceso de individuación y pueden ser considerados como una pasarela tendida entre el hombre y lo divino.

Los arquetipos

Los términos latino *archetypum* y griego *arkhetupon* expresan un modelo general representativo. En 1919, Jung va más allá al apropiarse

7. *La psicología del yoga Kundalini*. Editorial Trotta, Madrid, 2015.
8. *El hombre y sus símbolos, op. cit.*
9. *La Vie symbolique. Psychologie et vie religieuse*, Albin Michel, 1989, pág. 65.

nuevamente del término, dentro del contexto de sus investigaciones sobre el inconsciente colectivo: «La noción de arquetipo deriva de la observación, a menudo repetida, de que los mitos y los cuentos de la literatura universal contienen los temas bien definidos que vuelven a aparecer por todas partes y siempre».[10] Presentes a través de las mitologías, las religiones, las leyendas y otros relatos tradicionales, que contienen temas e imágenes simbólicos, los arquetipos forman parte de una herencia colectiva e individual. Jung añade que esos mismos temas aparecen en las fantasías, los sueños y las ideas delirantes que aún en nuestros días tienen los individuos. Entre los arquetipos más extendidos encontramos los del héroe, el anciano sabio, la madre divina, el dragón, la bruja, el tesoro, etc.

Así y todo, al hilo de su reflexión y de su obra, Jung evolucionará y propondrá una distinción importante entre el arquetipo –invisible– y su fenómeno existente en el mundo interior, la representación arquetípica: «A esas imágenes y a esas correspondencias típicas es a las que yo llamo representaciones arquetípicas. [...] Tienen su origen en el arquetipo, que, en sí mismo, se escapa de la representación; es una forma preexistente e inconsciente que parece formar parte de la estructura heredada de la psique y puede, por consiguiente, manifestarse en todas partes y en todo tiempo».[11] Esta precisión, bastante tardía en la obra de Jung, permite distinguir el carácter universal del arquetipo de su expresión cultural o individual. Por ejemplo, Dios es un arquetipo universal que se expresa de manera diferente como representación arquetípica según los pueblos y los individuos: Yavé entre los judíos, la Santísima Trinidad entre los cristianos, Alá entre los musulmanes, el Bramán en el hinduismo, el Logos de los estoicos, etc.

Cada una de estas imágenes expresa una concepción cultural particular de un arquetipo universal que, en cuanto tal, está vacío de representación. Igualmente, el arquetipo universal del anciano sabio, que posee un saber supremo y destila sus inestimables consejos a sus discípulos, se manifiesta a través de numerosas representaciones en la cul-

---

10. *Recuerdos, sueños, pensamientos, op. cit.*
11. «La conscience morale dans la perspective psychologique», en *Aspects du drame contemporain*, Georg y Buchet-Chastel, 1971.

tura contemporánea: Yoda, el gran maestro de la orden Jedi, en *La guerra de las galaxias,* el Maestro Po en la serie televisada *Kung Fu,* Pai Mei en *Kill Bill,* el Maestre Aemon en *Juego de Tronos,* etc. Conviene, pues, no calificar de arquetipos estas representaciones conscientes. Jung ya había captado esta confusión, que se hará moneda corriente:

Me encuentro una y otra vez ese malentendido que presenta el arquetipo como poseedor de un contenido determinado; en otras palabras, se hace de él una suerte de «representación» inconsciente. […] Es, pues, necesario precisar que los arquetipos no tienen contenido determinado; tan sólo están determinados en su forma, y aún en un grado muy limitado. Una imagen primordial tan sólo tiene un contenido determinado a partir del momento en el que se ha hecho consciente y está, por consiguiente, llena del material de la experiencia consciente. […] El arquetipo en sí mismo está vacío».[12]

Para comprenderlo bien, podríamos comparar los arquetipos con «motivos vacíos» o con «telones de fondo» que pueden adoptar diversas formas cuando pasan del inconsciente colectivo a la conciencia. Jung los define aún como «centros energéticos» relativamente delimitables del inconsciente colectivo, que dan lugar a varias posibilidades de representación. No hay figura definida de los arquetipos. Son marcos vacíos que comienzan a vivir desde el mismo momento en que los toca una energía psíquica, y que evolucionarán según las épocas, las culturas y los modos de vida. Si el arquetipo es un marco vacío, puede llenarse de imágenes colectivas y de símbolos antiguos para expresar una problemática individual. Según Jung, «un arquetipo se vuelve activo y provoca que se le elija *cuando cierta carencia en la esfera consciente pide una compensación por parte del inconsciente*».[13]

Los arquetipos son estructuras mentales innatas que vertebran la conciencia pero que preexisten a ella. «Son disposiciones hereditarias irrepresentables o virtualidades estructurales del inconsciente que se

---

12. *Los orígenes e historia de la conciencia, op. cit.*
13. *La Vie symbolique, op. cit.,* pág. 131.

manifiestan en la experiencia»,[14] explica Marie-Louise von Franz. Presentes en el inconsciente del hombre desde el origen, son modelos de acción y de comportamiento que dibujan su arquitectura mental de base. «Hay buenas razones para suponer que los arquetipos son imágenes inconscientes de los propios instintos; en otras palabras, que representan modelos instintivos de comportamiento»,[15] precisa Jung. Desempeñan el papel de formas estructurales del fundamento instintivo de la conciencia. Aun estando en el origen de las representaciones colectivas, son solamente los simples motivos no definidos de éstas; dicho en otros términos, están vacíos de representación. Su equivalente en el yoga de la Kundalini podría ser el *samskâra,* cualidades preexistentes de las cosas por venir y factores determinantes inconscientes.[16]

Las conversaciones que mantendrá Jung con el físico Wolfgang Pauli le conducirán a considerar la posibilidad según la cual la naturaleza de los arquetipos pudiera no ser únicamente psíquica. Serían de naturaleza «psicoide» (medio física, medio psíquica). Así, en una carta que envía a Pauli el 23 de octubre de 1953, escribe: «Los arquetipos psicoides forman parte de la substancia del psiquismo. El arquetipo posee empíricamente la propiedad de manifestarse de manera no solamente psíquica y subjetiva, sino también física y objetiva; es decir, que eventualmente puede demostrarse su existencia a través de un acontecimiento interior y psíquico y al mismo tiempo exterior y físico. Yo veo en este fenómeno un signo de la identidad de las matrices físicas y psíquicas».[17]

Si el arquetipo se vuelve suficientemente dinámico como para tener consecuencias sobre la psique del individuo, es por su «numinosidad» o su energía psíquica. En efecto, la emoción del carácter numinoso de la experiencia provoca una disminución parcial del nivel mental, que permite expresarse y liberarse a contenidos psíquicos inesperados. Por ejemplo, una persona ansiosa que tiene un sueño potente en el que siente que un anciano sabio o un ser luminoso la cuida se despertará sosegada y llena de confianza. Estas experiencias originales que podríamos calificar

---

14. Marie-Louise von Franz, *C. G. Jung. Su mito en nuestro tiempo, op. cit.*

15. *Los orígenes e historia de la conciencia, op. cit.*

16. *La psicología del yoga Kundalini, op. cit.*

17. *Correspondance 1950-1954,* Albin Michel, 1994, pág. 190.

de «sagradas» dan así con mucha frecuencia acceso a «verdades» profundas. Ello no obstante, Jung precisa que a él le trae sin cuidado saber si el arquetipo es verdadero o no: «Yo solamente sé que está vivo y que no soy yo quien lo ha hecho».[18] Donde los arquetipos son más activos es en el ámbito del sentimiento religioso, señala aún. «Cuando le aplicamos a «Dios» la denominación de «arquetipo», no expresamos nada sobre su naturaleza propia. Pero, al hacerlo, reconocemos que «Dios» está inscrito en esa parte de nuestra alma preexistente a nuestra conciencia y que en ningún modo puede pasar por ser una invención de ésta».[19]

Los mitos

Entre los contenidos de la conciencia colectiva de un pueblo están los mitos, los cuentos y otras leyendas populares. Al contrario que los arquetipos, vacíos de representación y particularmente difíciles de definir con palabras, estos relatos (*muthos* en griego) son ricos en imágenes, palabras y símbolos, que giran principalmente en torno a los dioses y a los héroes. Si el arquetipo es la trama de la historia, el mito es su contenido. Al desvelar elementos del orden de lo primitivo, el mito nos lleva a sumergirnos en los orígenes del mundo y de la humanidad. Relata un punto de vista étnico y cultural ligado a una civilización y a una época particulares. Evidentemente, para los hombres de hoy ya no tiene la significación que tenía para los del pasado. Al hilo de la historia, los mitos no dejan de sufrir evoluciones. Surgen formas nuevas. Algunas de esas producciones transmitidas son a veces objeto de una elaboración artística a través de un texto, un cuadro, una canción y, más recientemente, una película.

La película *Matrix,* por ejemplo, es una alegoría de la caverna de Platón, en la que el mundo comporta dos niveles de realidad: el mundo sensible y el mundo inteligible. En efecto, los que viven dentro de la Matriz nunca han visto el mundo real que existe más allá de su percepción. En segundo plano se perfila la idea de unos seres elegidos.

18. Íbid., pág. 207.
19. *Recuerdos, sueños, pensamientos, op. cit.*

El proyecto de Neo, personaje crístico, es destruir el mundo de la ilusión. En *Matrix* también interviene plenamente el mito de Frankenstein: el progreso tecnológico está superando al hombre y las máquinas podrían convertirse en sus verdugos.

Fruto de la imaginación colectiva, esos mitos, leyendas o cuentos populares se inscriben en una tradición en la que tienen una función útil: participan en la cohesión del grupo y en la comunicación entre los individuos. Sirven a sociedades enteras para afirmar su identidad, al tiempo que permiten al individuo afirmarse en su personalidad propia. Participan en el arraigo de éste, que de no ser por ellos se sumiría en una pérdida de referentes y se aislaría del grupo. Todos estos relatos representan innegablemente un puente entre lo colectivo y lo individual. No pocos son los que representan el renacimiento, la fecundidad, el tránsito a la madurez, el valor, el sacrificio... Los relatos mitológicos piensan las carencias y las debilidades del ser humano, al igual que los cuentos de hadas revelan las partes oscuras de un héroe, de quien se supone que las va a superar. La dramatización permite a una parte inconsciente, por proyección, emerger a la superficie del consciente, y nos lleva a confrontarnos con ella.

Tomemos precisamente el ejemplo del mito del héroe de esencia semidivina. De origen griego (*hêrôs*), reviste de todos modos una forma universal, a pesar de las divergencias que puedan darse según las épocas y las partes del mundo. El detalle de su contenido difiere en la mitología griega, en la mitología romana, en la cultura extremo-oriental o también en las tribus africanas. Ello no obstante, la historia se repite incansablemente dentro de una estructura y una cronología que, por su parte, no varían: el nacimiento milagroso pero oscuro del héroe, su ascensión al poder, su triunfo sobre las fuerzas del mal, su desfallecimiento frente a la soberbia, su declive prematuro a resultas de una traición y su sacrificio hasta su muerte simbólica que señala el advenimiento de la madurez.[20] Para Jung, este mito expresa la vida del individuo que aspira a la independencia y busca cómo liberarse de su madre. Auténtico recorrido iniciático, este relato es portador de sentido tanto para el individuo como para la sociedad entera. El héroe se muestra como una

---

20. *El hombre y sus símbolos, op. cit.*

representación simbólica de una fuerza superior que transciende la psique humana.

Para que estos relatos produzcan un efecto iluminador, es importante que sean filtrados por el tamiz de una interpretación psicológica. Ésta no debe ser solamente intelectual, tiene también que fundarse en la tonalidad afectiva que ejerce el relato mitológico en el sujeto o el paciente. Un mito nunca se cuenta dos veces de la misma manera, y existen tantas interpretaciones de él como caminos que se le puedan proporcionar al inconsciente. Es una historia en movimiento, no fijada, que se adapta en su forma y que explica el mundo sin un verdadero anhelo de coherencia. Al igual que el sueño, el mito parece tener como papel el de religarnos a la prehistoria de la humanidad, llegando hasta los instintos más primitivos, según Jung.[21] El mito permite estructurar y hacer que suba a la conciencia aquello que, si no, se quedaría en el grado de presentimiento. En esto, representa un formidable puente entre consciente e inconsciente.

Jung consigue encontrar la clave de lectura de la mitología antigua en las sincronicidades, que nos dan un acceso inmediato a los arquetipos. Las civilizaciones antiguas habían mantenido una conexión directa con el universo por mediación de los mitos. Transmitidos de generación en generación, éstos eran en cierto modo «la grabación» de lo que los hombres de aquella época percibían en su psiquismo subjetivo. La utilización de los símbolos les permitía interrogarse sobre su destino y acceder a verdades profundas y ocultas. A propósito de los mitos, el astrofísico italiano Massimo Teodorani va más lejos cuando precisa: «Son los portales del inconsciente colectivo, y el poder conectarse con ellos a través de los acontecimientos síncronos y de los sueños permite a cada individuo reequilibrar su salud psíquica y, por consiguiente, su salud física».[22]

Un mito contiene, en efecto, un valor terapéutico innegable. Los dioses y los héroes de antaño representan en realidad las neurosis de

21. Marie-Louise von Franz, *C. G. Jung. Su mito en nuestro tiempo*, op. cit., y *El hombre y sus símbolos*, op. cit.
22. Massimo Teodorani, *Synchronicité. Le rapport entre physique et psyché de Pauli et Jung à Chopra*, Macro Éditions, 2010, pág. 32.

hoy. «El mito es una tentativa del inconsciente para salvaguardar la conciencia de una regresión que la amenaza. Tiene valor terapéutico porque da una expresión adecuada al dinamismo sobre el que reposa la complejidad individual. En esto, no es una continuación, explicable causalmente, de un complejo personal, sino, por el contrario, la expresión de unos mecanismos arquetípicos anteriores al desarrollo de la conciencia individual»,[23] precisa Jung. El mito invita a descubrir lo que ya existe en el ser humano. Tiene una misión reveladora.

Para Jung, los mitos no pueden ser aprehendidos mediante la intelectualización: vale más abrazar directamente su carácter numinoso. «Todos podemos tener santos, sabios, profetas o diosas madres adorados en todo el mundo: mientras los consideremos como simples imágenes cuyo poder numinoso nunca hemos experimentado, hablamos como en sueños sin saber de qué hablamos. Las palabras que utilicemos estarán vacías y carecerán de valor».[24] El mito y su arquetipo no pueden dejarse encerrar en análisis mentales que utilicen únicamente las palabras, porque entrañan una dimensión sagrada, del latín *sacer*, «aquello que no puede ser tocado»; siempre serán un misterio.

Las imágenes

Otra herramienta útil para el proceso de individuación: la imagen o la *imago*, noción de origen latino empleada por Jung ya en 1911. En su sentido primario, una imagen es una representación visual o mental de un objeto, de un ser vivo o de un concepto. Puede mantener un parecido directo con su modelo o, por el contrario, apelar a la imaginación del sujeto que es su autor y así revestir una dimensión simbólica. Las imágenes son anteriores a las palabras que inducirán la facultad del habla. Harán falta milenios para establecer el vínculo entre las imágenes y los sonidos, lo cual creará codificaciones que permitirán la elaboración mental y el lenguaje humano. Las primeras formas de escritura

---

23. Citado en Carole Sédillot, *ABC de la psychologie jungienne,* Grancher, 2003, pág. 71.
24. *El hombre y sus símbolos, op. cit.*

utilizarán las imágenes para componer los jeroglíficos en Egipto. Aún hoy se utilizan las imágenes en la escritura china en forma de ideogramas. Y se emplean en el mundo contemporáneo adoptando la forma de los emoticonos, nueva forma de lenguaje digital que representa una emoción o un ambiente.

Cuando Jung utiliza el término «imagen», le añade esta otra dimensión.

La imagen es una expresión concentrada de la situación psíquica global, y no solamente, o en mayor parte, de contenidos inconscientes; ciertamente, constituye una expresión de éstos, pero no de todos; expresa algunos: los que están momentáneamente constelados. Esta constelación responde, por una parte, a la creatividad propia del inconsciente, y por otra parte a la influencia del estado momentáneo de la conciencia. [...] No puede, por consiguiente, ser interpretada ni por el uno ni por la otra tomados por separado, sino únicamente tomando en consideración la relación recíproca de éstos.[25]

Si bien encontramos en la imagen la reunión de las mismas dualidades psíquicas características del símbolo, es diferente de él en el sentido de que constituye su polo externo, constelado en un objeto que le sirve de catalizador. Puede éste ser un objeto concreto que pertenece a lo real, como la piedra, el árbol, el cristal o incluso objetos creados por el hombre (casa, coche, avión, robot, etc.), pero también un objeto abstracto que apela a lo imaginario, como un dragón, un unicornio o incluso Dios.

La situación se complejiza cuando la expresión simbólica da cierto sentido a las imágenes que, a su vez, generan aún otros sentidos más. Los riesgos de error de interpretación pasan a ser, en ese caso, numerosos. Y siendo así que el sentido dado a una imagen pertenece a su observador y puede, a partir de ese momento, revestir formas extremadamente diversas, a veces es bueno recurrir a un terapeuta o a algún otro especialista para descodificarlo.

---

25. Citado en Ysé Tardan-Masquelier, *Jung et la question du sacré*, Albin Michel, 1998, pág. 130.

Tras haber empleado los términos de «imagen histórica», de «imagen original», de «imagen onírica» o de «imagen primordial», Jung introduce el de *imago* para designar una representación psíquica que se construye a partir de la experiencia vivida y que orienta la conducta y el modo de aprehensión del otro por un individuo. Las *imagos* simbolizan, por ejemplo, representaciones de arquetipos familiares fundamentales: el padre, la madre, el hermano, la hermana Recordemos que en biología el término *imago* designa el estadio final del desarrollo de un individuo. Lo que lleva de modo totalmente natural a pensar en el proceso de individuación. Pero cuidado, una imagen puede concernir igualmente a un individuo que a una comunidad. En este último caso, participa en la fisonomía general de la cultura en un momento dado de su historia, constituyendo su conciencia colectiva e inspirando toda una serie de elaboraciones de orden intelectual, artístico o religioso.

Los términos «imagen de Dios» los toma Jung de los Padres de la Iglesia. Según ellos, la *imago* Dei está impresa en el alma humana y se manifiesta a través de los sueños o las visiones. Cuando surge, debe ser comprendida como un símbolo del Sí-mismo o de la totalidad psíquica. «Se puede considerar la imagen de Dios [...] como un reflejo del Sí-mismo o, a la inversa, ver en el Sí-mismo una *imago Dei in homine* (en persona)»,[26] precisa Jung. Psicológicamente, las dos actitudes son verdaderas, puesto que el Sí-mismo necesita del trasfondo de una universalidad sin la cual no podría realizar su aislamiento. Según Jung, somos incapaces de distinguir lo que proviene de Dios o del inconsciente, y también de saber si estos dos conceptos, el uno perteneciente al ámbito mítico y el otro al científico, designan cada uno una realidad diferente. Por eso no es improbable que el arquetipo del Sí-mismo ocupe una posición que lo acerque a la imagen de Dios: «Se subraya también el parecido, en particular, por el hecho de que ese arquetipo crea una simbología que, en todo tiempo, ha servido para caracterizar y para expresar de manera gráfica la divinidad [...]. La imagen de Dios, si bien se mira, no coincide con el inconsciente de manera total-

---

26. *Simbología del espíritu. Estudios sobre fenomenología psíquica.* Fondo de Cultura Económica, Madrid, 1998.

mente general, sino con un contenido particular de éste, a saber con el arquetipo del Sí-mismo. Este último es el que ya no sabemos separar empíricamente de la imagen de Dios».[27]

Evidentemente, como ya he mencionado, esa proximidad entre arquetipo del Sí-mismo e imagen de Dios no ha dejado de crear confusiones, que Jung se apresuró a aclarar: «No ha advertido usted que hablo de la imagen de Dios y no de Dios, porque soy totalmente incapaz de hablar de este último [...]. Nunca he pensado que, al servirme de la estructura psicológica de la imagen de Dios, me hubiera apoderado igualmente de él mismo».[28] En la imagen de Dios hay que ver antes que nada una proyección de la experiencia interior vivida frente a un encuentro cara a cara muy potente, revestido de un carácter numinoso. La imaginación puede liberarse entonces del simple plano del objeto e intentar esbozar la imagen de una entidad invisible que existe detrás de las apariencias. Es difícil para el hombre aprehender experiencias tan poderosas, que no puede ni comprender ni dominar. No olvidemos que las imágenes divinas toman parte inicialmente en el mito, es decir en un discurso que no podrían zanjar ni la ciencia ni la filosofía, explica aún Jung. No somos nosotros los que inventamos el mito, es él el que nos habla a través de imágenes que, para la psicología, representan inestimables objetos de investigación.[29]

27. *Respuesta a Job*. Editorial Trotta, Madrid, 2014.
28. Citado en Carole Sédillot, *ABC de la psychologie jungienne, op. cit.,* pág. 138.
29. *Le Divin dans l'homme, op. cit.,* pág. 97.

3

LOS MEDIADORES

Símbolos, imágenes, mitos y arquetipos representan sendos *lenguajes* que permiten una forma de comunicación y crean un vínculo entre los individuos. Surgen a través de lo que yo llamo los *mediadores,* que son las sincronicidades, los sueños, la imaginación activa y los rituales. Jung nos invita a ponernos en una disposición interior particular con el fin de acoger esas informaciones y captar su sentido. Si bien un terapeuta o un hombre religioso pueden crear las condiciones propicias para hacerlos surgir, por ejemplo durante una sesión de imaginación activa o un ritual, las más de las veces los mediadores son espontáneos, como puede ser el caso en un sueño o en una sincronicidad. Cada uno puede entrenarse en descodificar sus sueños, sus premoniciones o sus sentires emocionales, en interpretar el sentido de una representación artística, de un ritual, o también en identificar en la vida corriente esos acontecimientos, denominados «sincronicidades», que están conectados entre sí por el sentido. Así es como el individuo gana en autonomía por el camino del conocimiento de sí mismo.

Las sincronicidades

Todo empezó con la célebre historia del escarabajo dorado Una de las pacientes de Jung, que tenía tendencia a privilegiar la racionalidad en demasía, le contó que la noche anterior a la sesión había soñado que le regalaban un escarabajo de oro. En ese mismo instante, un ruido sordo atrajo la atención de ambos, mientras Jung estaba sentado a su mesa de despacho, con la espalda vuelta a la ventana: una cetonia de color dorado acababa de golpear ligeramente el cristal. El psiquiatra la recogió para tenderla hacia su paciente, diciéndole: «¡Aquí tiene usted su escarabajo!». El impacto fue tal que generó en ella un desbloqueo mental que le permitió dar un salto en su terapia. Este fenómeno es lo que Jung denominará, ya en 1930, una «sincronicidad», término ampliamente repetido y usado desde entonces. En la psicología analítica, la sincronicidad corresponde al hecho de que se produzcan al menos dos acontecimientos que no presentan vínculo de causalidad entre ellos, pero cuya asociación sí reviste un sentido para la persona que los vive. Así es como remite a un principio puramente creativo y misterioso, que parece conectar el psiquismo humano con una trama universal. Sabiendo que en Egipto el escarabajo era un símbolo de renacimiento, no le fue difícil a Jung interpretar el sentido de esa sincronicidad y del sueño de su paciente: debía liberarse de su excesivo racionalismo para dejar que emergiera el aspecto intuitivo de su personalidad.

Existen dos tipos de sincronicidades posibles. En unas, los acontecimientos implicados tienen un vínculo de simultaneidad; en las otras, hay un desfase en el tiempo transcurrido entre los acontecimientos. Además, algunas se producen en el campo del observador, mientras que otras son descubiertas por éste *a posteriori*. La mayoría de las sincronicidades revelan la correspondencia entre un acontecimiento psíquico y uno físico, cuando éstos no están conectados uno a otro de modo causal. Una imagen inconsciente penetra en la conciencia y coincide con una situación objetiva en lo cotidiano. Puede tratarse de un sueño que tiene alguna correspondencia en la realidad exterior, como la historia del escarabajo de oro, o incluso de una intuición que se revela exacta. Por ejemplo, me entero de que ha fallecido un allegado mío tras haber tenido el presentimiento la víspera. Otro tipo de sincronicidad remite a acontecimientos tales como sueños o ideas que se presentan simultáneamente en diferentes lugares, si bien no existe entre ellos ningún vínculo de causalidad. Por ejemplo, dos investigadores realizan el mismo descubrimiento en el mismo momento, como fue el caso de Charles Darwin y Alfred Russel Wallace, un biólogo naturalista británico. Ambos mantienen correspondencia y, en 1858, Wallace escribe a Darwin para darle a conocer su trabajo, prácticamente idéntico al de él. Comprendidas en estas dos formas, las sincronicidades remiten asimismo a los fenómenos llamados «paranormales», como las visiones a distancia, la telepatía, la clarividencia, etc.

Estos fenómenos de «coincidencias significativas» reposan sobre un fundamento arquetípico, según Jung. En tanto en cuanto proceso de organización y de regulación de las leyes de la naturaleza y agente de creación continua, el arquetipo se presenta como el vehículo que, en ciertas circunstancias, reúne de manera síncrona dos realidades.[1] Dispara las sincronicidades obrando como una suerte de espejo entre el estado psíquico y el universo objetivo externo. Las sincronicidades surgen por afinidad entre lo que ha percibido el psiquismo de un individuo dentro de los arquetipos y el mundo exterior. Estas afinidades se expresan a través de un «mecanismo de resonancia», según las palabras del divulgador científico Massimo Teodorani.[2] Una resonancia que produce en el sujeto que la percibe una sensación cargada de sentido. Es como si el arquetipo constelado se manifestase adoptando una forma física y no ya simplemente psíquica.

Jung señala que las sincronicidades se producen cuando se debilitan las funciones mentales de la esfera del consciente, por ejemplo con ocasión de experiencias espirituales o místicas, que a veces inducen estados modificados de conciencia. No surgen en cualquier momento, sino principalmente durante episodios de transformación o de crisis. Como para volver a poner orden en el caos; son verdaderos regalos del universo. Al ser formidables ocasiones de evolución, son experiencias altamente transformadoras, que permiten a la persona que capta su sentido comprender mejor una situación o tomar el camino adecuado. Gracias a ellas, el ser humano entra en relación con fragmentos importantes de su historia única y personal.

«Las coincidencias de acontecimientos ligados por el sentido son pensables como pura casualidad. Pero cuanto más se multiplican y cuanto más exacta es su concordancia, más disminuye su probabilidad y más crece su inverosimilitud, lo cual es tanto como decir que ya no

---

1. *Synchronicité et Paracelsica, op. cit.*, pág. 38.
2. Massimo Teodarani, *Synchronicité. Le rapport entre physique et psyché de Pauli et Jung à Chopra*, Macro Éditions, 2010, pág. 26.

pueden pasar por ser meras casualidades, sino que, en vista de la ausencia de explicación, deben ser miradas como componendas razonables. Su inexplicabilidad no proviene de que ignoremos su causa, sino del hecho de que nuestro intelecto es incapaz de pensarla»,[3] resume Jung. Las sincronicidades muestran, en efecto, que existen otras leyes en el universo, desconocidas hasta aquí. En tanto en cuanto científico, Jung se interesó por ellas y les dedicó buena parte de sus investigaciones al lado del físico Wolfgang Pauli. Si bien las sincronicidades emergen del psiquismo, su verdadero origen probablemente resida en el inconsciente colectivo, una especie de memoria de la humanidad a la que nuestra conciencia personal accede puntualmente. Y ese inconsciente posee un saber que transciende el desarrollo lineal del tiempo. (Volveré sobre esta cuestión crucial en la conclusión).

El pensamiento occidental es causal, es decir, lineal; separa acontecimientos físicos y psíquicos. En cambio, el pensamiento oriental es más sincronístico, está compuesto de conexiones que tienen sentido. En el centro de la filosofía china se encuentra el Tao, que el sinólogo alemán Richard Wilhelm, amigo de Jung, interpreta como el sentido. Y ahí donde prevalece el sentido, reina un orden y una captación de la totalidad. Gracias a la traducción que hizo de él Richard Wilhelm, Jung mostrará que el *I Ching* es un hermoso ejemplo de sincronicidad basado en un método que constriñe a la naturaleza a responder a una pregunta planteada por sesenta y cuatro combinaciones posibles entre el Yin y el Yang que dan lugar a sendos hexagramas, con ayuda de unas monedas o unos tallos de milenrama que se arrojan de manera aleatoria.[4] Más que un método adivinatorio, el *Libro de las mutaciones* es antes que nada una herramienta de conocimiento de sí mismo que se asienta en una comprensión profunda del estado presente de las cosas. Permite a la persona aprehender mejor un cambio a través de una situación típica de su vida. Este método reposa sobre el principio de relación sincronística entre el mundo interior y el exterior.

3. *Synchronicité et Paracelsica, op. cit.*
4. *Véase* antes, págs. 109-110.

Los sueños

El sueño no es el fruto, como otros datos de la conciencia, de la continuidad lógica de los acontecimientos de la vida, sino el residuo de una actividad psíquica que se ejerce mientras dormimos. Vehicula imágenes, símbolos e ideas a través de un relato de cronología deshilvanada, que combina a la vez elementos procedentes de lo real y otros de la imaginación del sujeto. Su contenido y su estructura escapan de la ley de causalidad; ni el espacio ni el tiempo tienen valor en él. Mezcla de manera aleatoria elementos del pasado, del presente y a veces del futuro. Si bien el contenido del sueño se escapa del control consciente del soñador, éste puede a veces, pero no sistemáticamente, memorizarlo. El sueño tiene la particularidad de ser vivido desde el interior por el soñador, que es al mismo tiempo su observador externo. Según Jung, escenifica una recapitulación de la situación psíquica actual del sujeto, traduciendo aquello que su consciente está en condiciones de aceptar. En esto, es una exteriorización inmediata de la actividad inconsciente del sujeto y una autorrepresentación espontánea y simbólica de la situación de su inconsciente.

¿Qué contienen los sueños? «Los sueños pueden encerrar verdades ineluctables, declaraciones filosóficas, ilusiones, fantasmas violentos, recuerdos, proyectos, anticipaciones, experiencias irracionales, incluso visiones telepáticas, y sabe Dios qué más aún»,[5] responde Jung. A través de ellos pueden expresarse mensajes divinos, aunque la Iglesia parece poco dispuesta a tomar en consideración los sueños, lamenta el psiquiatra. Pueden asimismo ser portadores de informaciones relativas a acontecimientos lejanos en el espacio o en el tiempo, situadas fuera de toda posibilidad de percepción sensible, como los sueños telepáticos o premonitorios. Todos los pueblos de todas las épocas han visto en el sueño un oráculo revelador de verdades futuras. He aquí un buen ejemplo contemporáneo. En 1959, cuando el joven Dalai Lama estaba prisionero de los chinos en Lhasa, preguntó a un Gran Lama, Pawo Rinpoché, si debía quedarse allí o huir a la India. El lama le dio la respuesta al día siguiente: había visto en sueños cernirse sobre el Tíbet

---

5. Citado en Carole Sédillot, *ABC de la psychologie jungienne, op. cit.*, pág. 251.

una noche negra, pero, en el mismo momento, se encendían luces por todas partes en Occidente. Comprendió entonces que la invasión china significaba la posible desaparición del *dharma* (la vía de Buda) en el Tíbet, pero al mismo tiempo su renacimiento en Occidente. Aconsejó, pues, al Dalai Lama que huyera a la India para transmitir su enseñanza a los occidentales, cosa que él hizo unos días más tarde. Y ese sueño se reveló, en efecto, premonitorio.

La interpretación de los sueños exige con mucha frecuencia una descodificación visual mediante la traducción simbólica, porque su expresión es arcaica y alógica, es decir, nada fácil de comprender para el soñador. Lo cual puede requerir la intervención de un tercero, como un terapeuta. En su interpretación, Jung desea tomar el sueño como lo que es, de manera literal, como un elemento de naturaleza psíquica totalmente verídica, contrariamente a lo que piensa Freud: «Los sueños no son invenciones intencionales y voluntarias, sino, al contrario, fenómenos naturales y que no difieren de aquello que representan. No fomentan lo ilusorio, no mienten, no deforman ni maquillan; al contrario, anuncian ingenuamente lo que son y lo que piensan. Tan sólo son fastidiosos y engañosos porque nosotros no los comprendemos. [...] La experiencia muestra [...] que siempre se esfuerzan en expresar algo que el yo sabe y no comprende».[6] Jung trabaja con empeño para traer al soñador a su propia realidad, insistiendo en la necesidad de que comprenda sus conflictos actuales. Solamente deben utilizarse las imágenes y las ideas que son vehiculadas por el sueño para intentar descifrar el sentido de éste (Freud utilizaba más bien un método de asociación de ideas para intentar comprender lo que dice el sueño de manera oculta o desviada).

En una escena de un sueño, encontramos imágenes oníricas compuestas por símbolos diversos (por ejemplo, el fuego, el cielo, las estrellas, un árbol, un automóvil, etc.). De la observación de estos elementos surge de modo natural una interpretación, pero que no se puede disociar del soñador, de su vida ni de su entorno. El sueño sólo es portador de sentido con la autorización y la colaboración del soñador, en un contexto que le es propio, recuerda Jung. Aunque existen sueños

---

6. *Psicología y educación*. Ediciones Paidós Ibérica, Barcelona, 2006.

tipo (el vuelo, la caída, la pérdida, la sensación de haberse extraviado, la voluntad de ir a algún sitio sin llegar nunca, etc.), el psiquiatra nos pone en guardia sobre su interpretación, muchas veces arriesgada, precisando que no existe ningún método científico universalmente válido para catalogarlos: «la manera en la que el inconsciente completa o compensa la conciencia varía tanto de un individuo a otro que es imposible establecer en qué medida se pueden clasificar los sueños y sus símbolos».[7] Tan sólo el soñador es capaz de saber o de sentir si un sueño es significativo para él o no.

Tomemos el ejemplo del sueño de un paciente de Jung: «Me encuentro en un huerto y cojo una manzana. Miro con precaución para ver si no me ha visto nadie». Este sueño sólo puede interpretarse tomando como vara de medir la historia del sujeto, el cual cuenta que de pequeño, robó unas peras en un huerto. También es importante saber que la víspera se encontró por la calle con una muchacha conocida, con la que trabó conversación, mientras pasaban en el mismo momento unos amigos cercanos, lo cual ocasionó en él una profunda incomodidad. La manzana le recuerda la escena del paraíso terrenal y la fruta prohibida. Analizando su sueño, rememora por otro lado que, en su infancia, recibió una severa reprimenda de su padre por haber observado a escondidas a unas niñas en el baño. Cuenta, finalmente, que acaba de iniciar una aventura sentimental con una sirvienta, pero que todavía no está consumada. Jung concluye que el autor de ese sueño lleva dentro de él una tendencia, una inclinación natural a ver una falta en todo lo tocante a la esfera de las satisfacciones eróticas. A partir de ese momento, ve en ese sueño la función de «contrapeso» del inconsciente, que permite una regulación psíquica.

Jung aborda el sueño a través de dos vías que pueden, o bien coexistir, o bien primar una sobre la otra. La primera es el «plano del sujeto»: los actores del sueño (aquí, la manzana) encarnan en cierto modo partes proyectadas del alma del sujeto. La segunda es el «plano del objeto»: cada personaje del sueño puede ponerse en relación con una persona precisa de la realidad. Por ejemplo, soñar con un policía puede remitir al padre real, que representa la autoridad. En todos los casos,

---

7. *El hombre y sus símbolos, op. cit.*

Jung pone empeño en interpretar una serie de sueños mejor que uno solo, «dado que los sueños posteriores enmiendan los errores que han podido deslizarse en la interpretación de los sueños precedentes».[8] Para él, una serie de sueños no es una sucesión incoherente de acontecimientos aislados, sino un proceso de desarrollo o de organización que evoluciona metódicamente por etapas. Lo cual toma parte plenamente en el proceso de individuación. El sueño colma así plenamente, para el sujeto, su función de revelación ante sí mismo.

Ya sea uno solo o con ayuda de un terapeuta, conviene ponerse a la escucha del sueño sin prejuicios, sin espíritu crítico y sin voluntad de restringirlo. Si el contenido del sueño no recuerda nada personal, es posible que se refiera a símbolos históricos elaborados al hilo del tiempo. Existen en ciertos sueños «residuos arcaicos», según las palabras de Freud, como formas psíquicas que ningún incidente de la vida del individuo puede explicar –y por consiguiente tampoco ningún recuerdo–, que parecen ser innatas, originales, y constituir una herencia de la mente humana.[9] Jung señala así la permanencia, en los sueños, de ciertos arquetipos ligados, por ejemplo, a las religiones y los rituales de Occidente y de Oriente: «Su interpretación enriquece la pobreza de la conciencia, de suerte que ésta aprende a comprender de nuevo el olvidado lenguaje de los instintos».[10] El robo de la fruta prohibida, en el ejemplo anteriormente citado, es un tema mitológico muy conocido que encontramos en el relato bíblico, pero también en innumerables mitos y leyendas. A través de las conexiones asociativas que se refieren directamente al sueño resurgen temas más amplios, compartidos por el inconsciente colectivo.

Tal como lo define Jung, este ejercicio de amplificación –«extensión y profundización de una imagen onírica por medio de asociaciones centradas en torno al tema del sueño y de otras paralelas sacadas de las ciencias humanas y de la historia de los símbolos»–[11] desemboca en algo universal.

---

8. Citado en Carole Sédillot, *ABC de la psychologie jungienne, op. cit.*, pág. 255.
9. *El hombre y sus símbolos, op. cit.*
10. Íbid.
11. *Recuerdos, sueños, pensamientos, op. cit.*

Los sueños sobrevienen cuando la conciencia y la voluntad están en su mayor parte apagadas en los momentos en que estamos dormidos. Si bien sirve para proteger el dormir, el sueño sabe también interrumpir la acción de dormir cuando su función lo pide. «Nos despertamos con ocasión de un sueño, dejando a un lado los incidentes externos, en el momento en que su sentido ha alcanzado su punto culminante y en que el sueño, una vez agotado su tema, pone un trazo final a su propio desarrollo. El despertar probablemente se deba a que la fascinación ejercida por el sueño cesa repentinamente y a que la energía así liberada provoca una recuperación de la conciencia».[12] Según Jung, un elemento inconsciente compensador se amplifica intensamente cuando tiene una importancia vital para la orientación de la conciencia. Por otro lado, es interesante señalar que, si a alguien se le impide soñar, caerá enfermo: «El sueño tiene, por consiguiente, una función normal, constructiva, que sin duda garantiza una suerte de equilibrio en el proceso vital»,[13] anota Marie-Louise von Franz.

El sueño tiene una función de compensación en relación con la conciencia, porque completa, por medio del inconsciente, lo que le falta a la totalidad psíquica. Esta relación compensatoria interviene para prevenir una peligrosa ruptura de equilibrio, anota Jung. Lo cual explica por qué los que tienen una opinión demasiado alta de sí mismos y hacen proyectos poco realistas sueñan que se caen, o también que vuelan. El sueño compensa las deficiencias de su personalidad advirtiéndoles de los peligros de su proceder. Y esto, al igual que puede ser premonitorio y anunciar ciertas situaciones antes de que se produzcan, como fue el caso de un paciente de Jung que alimentaba una pasión por las formas más peligrosas del alpinismo. Una vez que soñó que ponía un pie en el vacío, Jung le puso en guardia. En vano: se mató seis meses más tarde en una caída.

Para resumir, el sueño aparece como un contrapeso del inconsciente, que es conveniente considerar como una expresión de la autorregulación psicológica del individuo. Su forma simbólica borrosa y ambigua es portadora de informaciones liberadoras para aquel que las sabe

---

12. Citado en Carole Sédillot, *ABC de la psychologie jungienne, op. cit.*, pág. 255.
13. Marie-Louise von Franz, *C. G. Jung. Su mito en nuestro tiempo, op. cit.*

descifrar. A veces el sueño es reactivo e interviene como desahogo o como liberación de traumas violentos. Otras, el sueño es prospectivo y se presenta en forma de anticipación, en el inconsciente, de una actividad consciente por venir. Para Jung, el sueño no es una fachada que enmascara un contenido latente, sino la expresión más adecuada, en un lenguaje arcaico, de la totalidad del individuo. Tiene una función compensadora que por lo general ayuda al soñador a resolver un conflicto y a progresar. Dado que participa en el proceso de individuación, el sueño hace crecer el mecanismo de evolución de cada ser.

Jung está convencido de que los sueños reflejan los procesos subterráneos de la psique y dan acceso a sus informaciones más secretas:

El sueño es una puerta estrecha, disimulada en lo que tiene el alma de más oscuro y de más íntimo; se abre a esa noche original cósmica que prefiguraba el alma mucho antes de la existencia de la conciencia del yo y que la perpetuará mucho más allá de cuanto habrá logrado hacerlo nunca una conciencia individual. Porque toda conciencia del yo es dispersa; distingue hechos aislados procediendo por separación, extracción y diferenciación; sólo se percibe aquello que puede entrar en relación con el yo. La conciencia del yo, incluso cuando roza las nebulosas más lejanas, solamente está hecha de enclaves bien delimitados. Toda conciencia específica lo está. Mediante el sueño, en cambio, penetramos en el ser humano más profundo, más general, más auténtico, más duradero, que aún está sumido en el claroscuro de la noche original, en el que había un todo y el Todo estaba en él, en el seno de la naturaleza indiferenciada e impersonalizada. De esas profundidades, en las que el universo se unifica, es de donde brota el sueño, incluso aunque se revista de las apariencias más pueriles, más grotescas, más inmorales».[14]

Imaginación activa y proceso creativo

Como la tensión energética es más baja cuando dormimos, los sueños sólo proporcionan expresiones inferiores de los contenidos inconscien-

_____

14. *L'Homme à la découverte de son âme*, Albin Michel, 1987, págs. 80-81.

tes, constata Jung. Es así como decide volverse hacia otras fuentes, como las visiones o los fantasmas, y como desarrolla «la imaginación activa» a partir de 1916. Esta nueva técnica, que permite conectarse a los contenidos del inconsciente de una manera muy inhabitual, será experimentada por el propio Jung, como ya he mencionado. En estado de vigilia, convoca deliberadamente una visión, en la que se introduce como en una función de teatro. «Estas visiones pueden ser consideradas como pensamientos teatralizados en una forma pictórica»,[15] observa Sonu Shamdasani en su introducción al *Libro rojo*. Como Jung posee un buen dominio de la pintura, ilustra sus textos con dibujos, con mandalas, con iniciales historiadas, con ribetes ornamentados, etc.

He aquí la técnica que emplea Jung para suscitar imágenes interiores espontáneas: «El entrenamiento consiste en aprender sistemáticamente a eliminar la atención crítica, de tal modo que se cree un vacío de la conciencia que favorezca la emergencia de los fantasmas que estén preparados».[16] La idea es concentrarse en un estado interno particular, intentando ser lo más consciente posible de todas las imágenes y de sus asociaciones, que Jung define como un «encadenamiento de ideas, de percepciones, etc., según su semejanza, su conexión y su oposición».[17] Después Jung propone pintar, y, gracias a un tránsito de la mente a la materia, la expresión –concreta o simbólica– obtenida mediante ese proceso tiene como efecto acercar el contenido inconsciente al consciente y, por consiguiente, hacerlo más comprensible. «Puedo asegurar que, en efecto, es posible pintar imágenes complicadas sin tener ni la mínima idea de cuál es su contenido real. Mientras pintamos, la imagen, por decirlo así, se desarrolla por sí misma, y esto muchas veces en oposición con la intención consciente»,[18] explica Jung, que dibujó su primer mandala en 1916, absolutamente inconsciente de lo que significaba.

---

15. Sonu Shamdasani, «Introduction», en C. G. Jung, *Le Livre rouge*, L'Iconoclaste/ La Compagnie du Livre rouge, 2011, pág. 49.

16. «La fonction transcendente», en *L'Âme et le Soi. Renaissance et individuation*, Albin Michel, 1990, pág. 162.

17. *Recuerdos, sueños, pensamientos, op. cit.*

18. «Une expérience du processus d'individuation», en *L'Âme et le Soi, op. cit.*, pág. 126.

Algunos dibujarán o pintarán, otros esculpirán, modelarán, bailarán, tocarán música, escribirán o hablarán, según sus inclinaciones y aptitudes.

Los tipos visuales tienen que concentrarse en la espera de una imagen interior. Por lo general, se presentará una imagen de este tipo (puede ser hipnagógica), que habrá que observar y fijar cuidadosamente por escrito. Los tipos auditivos de ordinario oyen palabras interiores. Al principio quizá no sean sino fragmentos de frases aparentemente desprovistas de significado, pero que hay que registrar cuidadosamente. Otras personas en esos momentos perciben su "otra voz". [...] Hay otros también que no ven ni oyen dentro de sí mismos, pero cuyas *manos* tienen la capacidad de expresar los contenidos del inconsciente. Estos pacientes se sirven con provecho de materiales plásticos. [...] Más infrecuente aún, pero de valor igualmente inestimable, es la *escritura automática*.[19] Una energía creativa se pone en marcha a través de una forma artística, de contenido simbólico ampliamente influido por la mitología.

La imaginación activa puede asimismo pasar directamente por el diálogo, sin vector artístico alguno. Durante una sesión de terapia, el paciente cuenta de manera espontánea un «sueño despierto» que surge de un pensamiento o de una imagen y que Jung analizará como un sueño nocturno. O aún invita a su paciente a dialogar con personajes imaginarios, permitiendo así una confrontación del yo con la imagen del otro dentro de sí. Como en el caso de los sueños, la interpretación de todas estas visiones podrá hacerse a través de los símbolos, mediante la amplificación de las asociaciones de ideas dirigidas por el analista. «Por ejemplo, si en un sueño el soñador ha querido liberar a una muchacha refugiada en una gruta, pero se ha visto impedido para hacerlo porque un feroz sabueso guardaba la entrada, se pondrá esta imagen en relación con el monstruo cinomorfo Cerbero que veta a Orfeo la liberación de Eurídice. Se le dará entonces a ese sueño una interpretación simbólica universal, lo cual ensanchará una conciencia que sufre dentro de sus angostos límites, reinsertándola en la gran aventura humana, cuyo destino está inscrito en el inconsciente colec-

---

19. «La fonction transcendante», en Íbid., págs. 168-169.

tivo y de la que el mito de Orfeo y Eurídice es una modalidad»,[20] explica Jung. Si bien exige a menudo la ayuda de un terapeuta analista, la imaginación activa puede también practicarla uno solo si disfruta de un sólido conocimiento de los mitos y de los símbolos.

El Libro rojo, Liber novus, da cuenta de series de manifestaciones de la imaginación activa y de las tentativas de Jung para comprender su significado. Esto le permite abordar la naturaleza del conocimiento de sí mismo, la relación de lo masculino y lo femenino y la reunión de los opuestos, pero también la relación del individuo con la sociedad contemporánea, la religión, etc. En suma, todo lo que permitirá el proceso de individuación. El trabajo consiste en establecer un diálogo con esas imágenes interiores portadoras de sentido –ligadas al inconsciente colectivo–, y en integrarlas en la conciencia. El tratamiento hermenéutico de las visiones creativas, que pasa por ser una síntesis entre psique individual y psique colectiva, saca así a la luz el sentido de una vida y da al sujeto el poder de transformarse.

Al emprender un estudio comparado de los ejercicios espirituales de Ignacio de Loyola, los yoga-sutras de Patanjali, las prácticas de meditación budista y la alquimia medieval, Jung se da cuenta de que todos esos procesos son asimismo otras tantas formas de imaginación activa, aunque evidentemente no lleven ese nombre. Los alquimistas, cuando meditan en su laboratorio sobre los textos y los materiales, adoptan una dinámica similar. Al lado del término *imaginatio,* que corresponde a un «extracto concentrado de las fuerzas vivas, tanto físicas como psíquicas»,[21] utilizan el de *meditatio,* descrito de la manera siguiente por Martin Ruland, médico alquimista alemán del siglo XVI: «Hay "meditación" cada vez que mantenemos con algún otro, que, no obstante, es invisible, un coloquio interior, ya sea, por ejemplo, con Dios, cuando le invocamos a Él mismo, o ya sea con nosotros mismos, o con nuestro bondadoso ángel de la guarda».[22] Por «meditación», los alquimistas no entienden solamente una simple interiorización silenciosa, sino un auténtico diálogo interior que permite un acto creador

---

20. Citado en Carole Sédillot, *ABC de la psychologie jungienne, op. cit.,* pág. 264.
21. *Psicología y alquimia, op. cit.*
22. Martin Ruland, «Lexicon alchemiae», citado en íbid., pág. 355.

para realizar la Gran Obra, la transmutación del plomo en oro, auténtica parábola del proceso de individuación según Jung.

El médico zuriqués ve igualmente en el yoga una analogía con el proceso de individuación. Con ocasión de un ciclo de conferencias, se esfuerza en guiar a los participantes hacia una comprensión del yoga de la Kundalini partiendo de la base de la propia experiencia interior de cada uno. El yoga no es sólo una simple gimnasia respiratoria, sino una vía de meditación que religa el cuerpo a la totalidad de la mente, en una dinámica universal. Su objetivo es disciplinar las fuerzas motrices del alma. Meditando sobre los chakras, a través de los símbolos, se llega a un cambio psíquico que permite el desarrollo y la transformación de la estructura más íntima del ser, el Sí-mismo. «La práctica del yoga es inimaginable y sería igualmente ineficaz sin las ideas del yoga. Éste opera una fusión de lo físico y de lo mental de rara perfección»,[23] explica Jung, quien, no obstante, para su propio proceso de individuación, no elige la vía del yoga, demasiado difícilmente asimilable para un occidental. «Occidente producirá en el transcurso de los siglos su propio yoga y lo hará partiendo de la base dada por el cristianismo»,[24] piensa.

Los rituales

Como señala Jung, los rituales religiosos se realizan la mayoría de las veces dentro de templos de recinto redondo o cuadrado, con valor protector. Ese recinto abriga o aísla un contenido interior que no debe mezclarse con las cosas del exterior, a semejanza de la explanada frontal de un templo o de la nave de una iglesia. Lo cual recuerda el principio del mandala (un centro y un contenido protegidos por un círculo): «Así, el mandala repite simbólicamente medios y vías arcaicas que otrora fueron realidades concretas».[25] Según Jung, la psicología del mandala es la continuación de un proceso evolutivo del espíritu, que tiene su fuente en los primeros tiempos de la Edad Media, o incluso

---

23. «El yoga y Occidente», en *Psicología de la religión oriental, op. cit.*
24. Íbid.
25. *Psicología y religión, op. cit.*

202

mucho antes, en los albores de la era cristiana, entre los paganos. Los mandalas modernos ofrecen un asombroso paralelismo con los círculos mágicos de la Edad Media, en cuyo centro habitualmente encontramos a la deidad. Estos círculos, cuya intención es proteger del exterior, se utilizaron ya en los tiempos prehistóricos, con fines sociales o iniciáticos, alrededor del fuego, y han llegado hasta hoy con objetivos terapéuticos, a imitación de Alcohólicos Anónimos, uno de cuyos fundadores afirmó haberse inspirado mucho en las ideas junguianas.

Las investigaciones de Jung muestran que los mandalas, aun sin haber sido aportados por una tradición directa, aparecen en todo tiempo y lugar, tanto en las tradiciones orientales como en las occidentales, como si presentaran una dimensión universal. En su utilización cultural, son de la máxima importancia, porque su centro suele contener una figura religiosa de altura. Cuando no es Buda, Shiva o Shakti, es Cristo quien puede aparecer representado en el centro, rodeado de los símbolos de los cuatro evangelistas. Jung insiste particularmente en los símbolos que utiliza el arquetipo del mandala en el ritual de estructura circular, adoptando a veces la forma de una expresión artística, pero con intención religiosa. Tal es el caso, por ejemplo, de los derviches giróvagos, orden musulmana sufí cuyos miembros giran sobre sí mismos en una forma de danza meditativa. La circumambulación es una marcha que se efectúa alrededor de un objeto sagrado (piedra, altar). En la mayoría de los rituales, como es el caso entre los budistas alrededor de la estupa, ese circuito se realiza en el sentido de las agujas del reloj (salvo entre los musulmanes que giran alrededor de la Kaaba, en La Meca), reproduciendo el camino del sol y de los planetas para rendir homenaje a las fuerzas cósmicas. Desde el punto de vista psicológico, esta circulación consistiría en girar en círculo alrededor de uno mismo para poner en juego todos los aspectos de la personalidad.

El mandala es lo que se denomina, en el uso ritual indio o tibetano, un *yantra,* un instrumento de contemplación o soporte de meditación. Es un objeto cultural destinado a sostener la concentración de aquel que lo ejecuta (mediante la pintura, el dibujo, la escultura con arena entre los tibetanos o, también, la danza) o lo observa (por la reducción circular de su campo psíquico al espacio central). La meta de la contemplación de los diferentes elementos que componen el mandala en las tradiciones orientales es la renuncia a la individualidad para regresar a la totalidad universal del estado divino; en otras palabras, la transformación de la conciencia personal en conciencia divina universal. Es así como Jung concibe igualmente el mandala: ayuda al restablecimiento del orden interior y a la reconciliación con la totalidad, es decir al proceso de individuación. Siendo una expresión religiosa que se sumerge en la historia de un pueblo, permite conectarse con lo sagrado y aparece como el fundamento mismo de la posibilidad y de la necesidad de la experiencia religiosa humana. No es solamente expresivo, es operativo.

Entre los otros rituales religiosos estudiados por Jung susceptibles de favorecer el proceso de individuación está la misa cristiana. Según él, es portadora de un «misterio vivo» muy profundamente anclado en la historia del espíritu humano. Así, aunque su significado haya cambiado, la utilización de la hostia encuentra su origen en el culto de Mitra. Y el rito del agua divina viene de una noción alquímica que precede al cristianismo. «En realidad esos misterios han sido siempre la expresión de una disposición psicológica fundamental»,[26] subraya Jung. Ésta es la razón por la que un ritual debe realizarse conforme a la tradición y no se debe cambiar nada en él. La misa es la ocasión de abrazar plenamente los movimientos de muerte y de resurrección de Cristo, que, gracias al rito, se inscriben en el presente y ofrecen una experiencia directa de lo divino. «Mediante la intermediación de la reiteración de los acontecimientos capitales ligados al mito de Cristo –percibido aquí como figura de la humanidad universal–, el yo (el Hijo, Cristo) es sacrificado al inconsciente (el Padre) para renacer en la experiencia del Espíritu-Sí, aprehendida, en este momento, no como un fenómeno lejano, único y aislado, sino vivida en la conciencia "aquí y ahora" del participante que penetra esta verdad por la intermediación del rito»,[27] según el análisis de John Dourley. Así, simbólicamente, la misa crea un movimiento psíquico que sacrifica el yo al inconsciente con vistas a la

---

26. *La Vie symbolique. Psychologie et vie religieuse*, Albin Michel, 1989, pág. 59.
27. John P. Dourley, *La Maladie du christianisme. L'apport de Jung à la foi,* Albin Michel, 2004, pág. 66.

resurrección de una conciencia mejorada, más abierta, más equilibrada. Paralelamente, el inconsciente renuncia a su posición transcendente para encarnarse en una existencia humana finita. Dentro de esta perspectiva, el perdón remitiría a la «parte del don» del yo al inconsciente.[28] Cosa que no se hace sin dolor, según Jung, que identifica el sufrimiento de Cristo con aquel que todo hombre debe atravesar en el recorrido del proceso de individuación.

Entre las demás tradiciones que dan valor a la vida interior simbólica, encontramos igualmente a los alquimistas de la Edad Media. También se realiza la Gran Obra en el transcurso de un ritual: «Por una parte, la obra práctica, química, en el laboratorio; por otra, un proceso psicológico, consciente para una parte [...] e inconsciente para otra parte, proyectado y percibido en los procesos de transformación de la materia».[29] El proceso de transformación química de la materia imperfecta en oro, que representa la totalidad o el Uno, entra en correlación con el proceso de individuación, simbolizado entre los alquimistas por la piedra filosofal. En la tradición alquímica occidental, el oro representaría el mismo papel que el mandala, el de un soporte de meditación empleado con ocasión de un ritual, que permite concentrar la psique, hacerle alcanzar el término de su desarrollo y, en ese mismo momento, descubrir el Sí-mismo. Este modo de experimentación práctica de lo sagrado que es la alquimia constituye así la experiencia viva de una revelación interior en la que el hombre se representa ante sí mismo su propia naturaleza inconsciente.

En el plano psicológico, Jung reconoce un gran valor a los rituales, que ofrecen a aquellos que los practican un acceso a su inconsciente y una higiene mental. «He tenido que acompañarlos [a sus pacientes] a través de las peripecias de conflictos apasionados, a través del temor a la locura, la confusión desesperada y la depresión; muchas veces era algo terrible y grotesco a la vez, y por eso estoy plenamente convencido de

---

28. El francés *pardon* ("perdón") puede descomponerse en *par-don*, que suena exactamente igual que *part [du] don* ("parte del don"). En castellano la equivalencia fonética no es exacta. (*N. de la T.*)

29. Citado en Ysé Tardan Masquelier, *Jung et la question du sacré*, Albin Michel, 1998, pág. 101.

la extraordinaria importancia del dogma y del ritual, cuando menos en tanto que método de higiene mental»,[30] subraya, sin dejar de insistir en la importancia de los sacramentos y de la confesión. Cuando el paciente es católico practicante, le anima a que comulgue o a que se confiese. «Manifiestamente, la sustitución tiende a reemplazar la experiencia inmediata por una elección de símbolos apropiados, incorporados a un dogma y a un ritual sólidamente organizados»,[31] precisa sobre el tema de la comunión. Señala que los católicos, pero no únicamente los practicantes, son menos propensos a las neurosis que los miembros de otras confesiones religiosas, en particular los protestantes, cuyos rituales se han vuelto muy pobres:[32] «Ahí está el secreto de la Iglesia católica: el hecho de que, en cierta medida, sigue permitiendo a sus fieles llevar una existencia llena de sentido».[33]

Si el ritual permite que se exprese plenamente la situación psicológica del individuo, éste puede quedar sanado de su neurosis. En esto, la pertenencia a una Iglesia o a otra tradición con rituales simbólicos poderosos es una suerte, según Jung: «Ya lo ve usted, el hombre tiene necesidad de una vida simbólica. Tiene una necesidad urgente»,[34] concluye. Así es como anima a cada uno a reservar una habitación, si no un rincón separado del resto de su casa, en el que podrá desarrollar su vida simbólica, rezar o meditar.

---

30. *Psicología y religión, op. cit.*
31. Íbid.
32. *La Vie symbolique, op. cit.*, pág. 56.
33. Íbid., pág. 65.
34. Íbid., pág. 63.

4

EL CAMINO

Es esencial la comprensión y la práctica de todos estos elementos (lenguajes y mediadores) para acceder a la individuación, pero el camino que conduce a la realización del Sí-mismo pasa aún por cuatro etapas clave. Lo primero, se trata de pasar de la *persona* al yo. Una vez bien definido e integrado el yo por la psique, es posible domesticar la propia sombra, integrar uno su *anima* y su *animus,* y después reconciliar los opuestos con el fin de cumplir la realización del Sí-mismo.

Pasar de la *persona* al *yo*

En origen, la *persona* es la máscara que llevaban los actores del teatro antiguo. Considerada en su dimensión psicológica, para Jung es «el sistema de adaptación o la manera a través de la cual se comunica uno con el mundo. Cada estado, o cada profesión, por ejemplo, posee su propia *persona* […]: el profesor tiene su manual, el tenor tiene su voz. Podemos decir, sin demasiada exageración, que la *persona* es aquello que uno no es en realidad, pero que él y los demás sí piensan que es».[1] En suma, la *persona* corresponde al papel social que interpreta cada persona, como una máscara que se pega a la piel y de la que es difícil desembarazarse. Marie-Louise von Franz cita, por ejemplo, al erudito o al médico «omnisciente», al «enérgico» oficial, a la «bondadosa» en-

---

1. *Recuerdos, sueños, pensamientos, op. cit.*

fermera, al sacerdote o pastor «benevolente»,[2] etc. Auténtica máscara social, la *persona* es el reflejo del rostro expuesto a los demás, que les permite identificar a la persona. Muchas veces emana de los deseos o de las expectativas de la sociedad hacia tal tipo de profesión, pero también del individuo hacia sí mismo. En este sentido, es también el personaje que éste elige ser, aun cuando el proceso sea inconsciente.

La *persona* debe ser considerada como un *partenaire* del yo, indispensable para establecer un nexo con el mundo exterior y organizar las relaciones. Para funcionar bien socialmente, el individuo se siente, en efecto, obligado a interpretar un papel, incluso varios papeles. Porque, a veces, varias *personae* representan diferentes facetas de un mismo yo. Por ejemplo, el médico, el conferenciante, el padre, el compañero de tenis, etc. Todos estos papeles permitirán el individuo tranquilizarse y protegerse de los demás. Intermediaria indispensable entre el mundo interior y el mundo social, la *persona* interviene, pues, como una fachada protectora que le permite a uno no exponerse ante los demás. Es el traje con el que el individuo se reviste, según las circunstancias, para mostrar su mejor rostro, esconder una debilidad, afrontar una dificultad, volver favorable una situación. Esta máscara social puede ser ventajosa, pero también ir en detrimento de la persona afectada. A veces la presión social es tal que la obliga a amoldarse a un papel que causa daño a su verdad profunda.

La sociedad espera y se debe a sí misma esperar de cada individuo que éste asuma y desempeñe de manera tan perfecta como sea posible el papel que se le ha asignado. […] La sociedad exige esto como garantía de seguridad. Que cada uno permanezca en su sitio y se limite a su terreno: éste es zapatero, y ese otro, poeta. Nadie está obligado a ser a la vez una cosa y la otra […]. Porque enseguida se convierte en sospechoso: eso tiene algo de inquietante. Porque tal hombre ya no responde a la norma habitual, «difiere» de los demás y estimula el recelo»,[3] explica Jung.

Cuando la *persona,* parte visible de la psique, refleja el yo profundo del individuo, todo va bien. Por ejemplo, un individuo sentimental

2. Marie-Louise von Franz, *C. G. Jung. Su mito en nuestro tiempo, op. cit.*
3. Citado en Carole Sédillot, *ABC de la psychologie jungienne, op. cit.*, pág. 154.

necesita una *persona* afectiva para exteriorizarse y elegirá un oficio perteneciente al ámbito de los cuidados. En cambio, cuando la *persona* adoptada por necesidades de adaptación a la sociedad y a nuestro entorno no tiene ninguna relación con la verdadera personalidad del yo, se crea un desequilibrio. Tal es el caso de una mujer joven con gran madera artística que acaba trabajando en el mundo de las finanzas para satisfacer la exigencia social de sus padres. El yo, prisionero de los deseos del mundo exterior, ya no puede afirmar su identidad y se vuelve vulnerable y manipulable. A la *persona* se le supone el ser representativa de la personalidad real, incluso aunque a veces a más de uno le gustaría ser lo que parece y lo que los demás creen que es. La *persona* tiene que saber borrarse cuando el yo lo reclama para dejar que éste se exprese, crezca y se modifique. Se trata de ser y mantenerse uno mismo, sean cuales sean la demanda exterior y la tentación de amoldarse a ella.

Por fortuna, muchos individuos están dotados de suficiente discernimiento y humor como para distinguir entre su papel social y su vida privada. Saben lo que son en el fondo de sí mismos y pueden operar la conversión del parecer al ser. La *persona* en esos casos en nada modifica el Sí-mismo. Al igual que un actor, uno tiene que saber calzarse el traje y después dejarlo en el camerino desde el mismo momento en que se ha terminado la función y vuelve a su casa. Sea como fuere, durante el proceso de individuación, la *persona* se revela y debe desaparecer en provecho del yo, etapa importante que permite caminar hacia el Sí-mismo.

Domesticar la propia sombra

Los sueños y la imaginación activa, en particular, nos revelan ciertos aspectos de nuestra personalidad que permanecen agazapados en el fondo de nosotros y que hemos preferido no ver. Al conjunto de estos aspectos lo denomina Jung la «sombra». Ésta representa para él la parte «inferior» de la personalidad que reúne todos los elementos psíquicos personales y colectivos que, al ser incompatibles con la vida que hemos elegido conscientemente, no han sido vividos y se unen en el inconsciente.[4] La sombra designa una parte de la personalidad inconsciente, pero no su totalidad. Procede tanto del inconsciente personal como del inconsciente colectivo, en cuyo caso se vincula a un arquetipo. Es el caso, por ejemplo, del de la bruja, que cristaliza el odio a la mujer a través de cuentos y leyendas.

Cuanto más logremos que emerjan a la conciencia los aspectos oscuros de nuestra personalidad, más fáciles serán éstos de corregir. Hacer consciente la sombra es una etapa ineludible del proceso de individuación. Descuidarla, reprimirla o incluso confundirla con el yo puede conducir a peligrosas disociaciones, previene Jung. Pero nadie puede reconocer los aspectos negros de su personalidad y superar la sombra sin un considerable despliegue de fuerza moral. La huida no haría sino intensificar el dolor que representa ese momento del análisis, lo cual comprometería el proceso de individuación.

Percibir uno su sombra es identificar sus defectos o sus tendencias inconfesables, ésos que muy fácilmente vemos en los demás, pero que nos negamos a reconocer en nosotros mismos: el egoísmo, la avaricia, la pereza, la cobardía, la indiferencia, la falta de compasión, la tendencia a ser esclavos de los bienes materiales, a instalarnos en la negación, a mentir, etc. El mejor indicio de la presencia de la sombra en nuestro interior es la ira que es capaz de suscitar en nosotros una reconvención hecha por un allegado. Otra manera de localizar la sombra dentro de nosotros es ponernos a la escucha de los mensajes que nos transmiten nuestros sueños, o también de nuestras reacciones ante una situación o un acontecimiento que viene a perturbarnos. La sombra puede desvelarse en la omisión, al igual que en el acto impulsivo. Por ejemplo, hacemos una observación hiriente o una mala acción sin desearlas conscientemente. Además, la sombra es extremadamente contagiosa: se esparce fácilmente por efecto de grupo. «¡Todo el mundo lo hace, así que por qué no yo!». Así es como, por mimetismo, se repiten los actos de mala voluntad y de incivismo (criticar al vecino, no seleccionar los residuos, etc.) y el mal se propaga. La observación de este hecho debe igualmente ponernos en alerta y llevarnos a nuestro propio cuestionamiento.

---

4. *Recuerdos, sueños, pensamientos, op. cit.*

Según Jung, es más fácil ver la sombra en uno mismo (pero también en el otro) cuando nos confrontamos con una persona del mismo sexo. La sombra de las personas del sexo opuesto nos molesta menos y suscita más indulgencia por nuestra parte. Ésta es también la razón por la que la sombra, en los sueños, se nos aparece a través de una persona del mismo sexo, pero que reviste una personalidad opuesta a la nuestra. Por ejemplo, si el individuo es valiente en su vida, su sombra se revelará cobarde. Si la persona es cobarde, su sombra en el sueño se revelará insolente. En particular durante un análisis, la sombra a veces puede engendrar un fenómeno de transferencia sobre el terapeuta, extremo que ya hemos mencionado.[5]

Para Jung, la cuestión de la sombra está íntimamente ligada a la de la proyección, ese singular fenómeno por el cual un individuo imprime en un objeto o en un ser un contenido psíquico que es un rasgo de su vida interior. En suma, prestamos a los demás rasgos de carácter y actitudes que poseemos nosotros sin advertirlos. Al contrario de la percepción, que corresponde a lo que el individuo recibe del mundo exterior por la intermediación de sus sentidos, la proyección es lo que empeña él en ese mundo. Es un desplazamiento involuntario e inconsciente de un estado o de un fenómeno psíquico hacia un objeto exterior con el que tenemos un fuerte vínculo emocional de amor o de odio.[6] Lo cual plantea varios problemas. No solamente la sombra deforma la visión que habríamos tenido de tal individuo si no lo estuviéramos mirando con ese prisma, sino que también aniquila la posibilidad de tener con él una relación fundada en objetividad y autenticidad.

En lugar de proyectar nuestros propios conflictos inconscientes sobre un tercero, podemos también proyectarlos sobre un grupo, en un nivel colectivo. La agitación política o también todo lo que se lee en los periódicos, los rumores, los cotilleos, etc., resultan de este fenómeno. Esto es lo que ocurre cuando a un individuo o a un grupo los acusa la colectividad de ser la causa del mal que la corroe (fenómeno del «chivo expiatorio»). Esas proyecciones son tanto más devastadoras cuanto que se mantienen inconscientes. Tan sólo a partir del momen-

---

5. *Véase* arriba, «La cure analytique, le transfert de l'ombre», pág. 209.
6. Marie-Louise von Franz, *C. G. Jung. Su mito en nuestro tiempo, op. cit.*

to en que reconocemos en los demás nuestra propia sombra podemos conversar con ellos sin miedo y tener alguna posibilidad de disipar no pocos malentendidos entre los individuos y los pueblos.

Para Jung, más que acusar al otro de estar equivocado y convencernos de ello, haríamos mejor en reconocer en él nuestra propia sombra e incluso, a veces, amarla a través de él. Porque ésta no es siempre un adversario. La sombra es «esa personalidad velada, reprimida, las más de las veces inferior y cargada de culpa, cuyas últimas ramificaciones penetran hasta el ámbito de nuestros antepasados animales y que, por esa vía, abarca la integralidad del aspecto histórico del inconsciente. [...] Si hasta aquí habíamos creído que la sombra humana era la fuente de todo mal, a partir de ahora podemos descubrir, mediante un examen más amplio, que el ser humano inconsciente, la sombra, no se compone solamente de tendencias moralmente reprensibles, sino que denota una serie de cualidades positivas, a saber de instintos normales, de reacciones orientadas hacia una meta, de percepciones conformes a la realidad, de impulsos creadores y muchas otras cosas más»,[7] escribe Jung. A veces hay que oponer resistencia a la sombra, a veces hay que ceder a ella. Lo importante es reconocerla y no ignorarla.

Lo mismo en terapia que en otros lugares, no hay luz sin sombra y al contrario. «Todo transcurre como si, en el punto culminante de la enfermedad, los elementos destructores se transmutasen en elementos de salvación»,[8] señala Jung. La sombra, en relación con la conciencia, se comporta de manera compensatoria, lo cual le confiere una acción tanto positiva como negativa.

Así, la sombra representa la parte primitiva, arcaica, impulsiva y animal ignorada en cada uno de nosotros, pero también cierto número de cualidades. El trabajo sobre la sombra, que consiste en hacer consciente lo inconsciente, solamente puede realizarse con un gran esfuerzo y empeñando toda la voluntad del yo. Para dirigirse hacia el Sí-mismo, la conciencia deberá integrar los contenidos inconscientes oscuros, que le permitirán ensancharse hacia la luz.

---

7. *Aion, op. cit.*
8. Citado en Ysé Tardan-Masquelier, *Jung et la question du sacré,* Albin Michel, 1998, pág. 200.

«No nos volvemos luminosos mirando la luz, sino sumergiéndonos en nuestra oscuridad», escribe Jung. Y añade: «Un hombre que no ha atravesado el infierno de sus pasiones tampoco las ha superado. Éstas viven ahora en la casa vecina y, sin que él se prevenga, de ella puede salir una llamarada que alcanzará también a su propia casa. Si abandonamos, dejamos de lado y, en cierto modo, olvidamos en exceso, corremos el peligro de ver reaparecer con redoblada violencia todo aquello que se dejó de lado o se abandonó».[9]

Integrar el *anima* y el *animus*

Los contenidos del *anima* y del *animus* son mucho menos fáciles de discernir que la sombra, porque están más alejados de nuestra conciencia. Esta bisexualidad psíquica es, en primer lugar, el reflejo de un hecho biológico: el predominio de genes macho o hembra en el origen de la determinación del sexo. Lo cual implica que dentro de cada uno sigue activo un número restringido de genes del sexo opuesto. Si bien la identidad sexual se adquiere también en parte por contacto con los esquemas parentales, según Jung extrae sus referencias del inconsciente colectivo a través de la proyección que se opera por la vía del inconsciente personal. El *anima* y el *animus* son arquetipos influyentes, reguladores del comportamiento del hombre y de la mujer: Jung considera el *anima* como la personificación de la naturaleza femenina en el inconsciente del hombre y el *animus* como la personificación de la naturaleza masculina en el inconsciente de la mujer.

Desde siempre, cada hombre lleva en él la imagen de la mujer; no la imagen de tal mujer determinada, sino la de un tipo de mujer determinado. Esta imagen es, en el fondo, un conglomerado hereditario inconsciente de origen muy lejano, incrustado en el sistema vivo, «tip», de todas las experiencias del linaje ancestral sobre el tema del ser femenino, residuo de todas las impresiones proporcionadas por la mujer, sistema de adaptación psíquica recibido como

9. *Recuerdos, sueños, pensamientos, op. cit.*

herencia. Aun si no hubiera mujeres, esta imagen inconsciente nos seguiría permitiendo fijar las características espirituales que debería poseer una mujer. Otro tanto ocurre con la mujer. Ella también lleva dentro de sí una imagen del hombre. [...] Dado que esta imagen es inconsciente, siempre se encuentra proyectada inconscientemente sobre el ser amado; constituye una de las razones esenciales de la atracción pasional y del contrario de cada uno».[10]

Del mismo modo que la sombra, esta doble figura *animus-anima* es un complejo psíquico que se manifiesta como una compensación. Así, un hombre viril y fuerte necesitará convocar a su *anima* para encontrar dentro de sí mismo cualidades de ternura y de compasión. Si la integra bien, ella le evitará ser machista o misógino. De la misma manera, una mujer vulnerable y frágil utilizará la energía de su *animus* para afirmarse y hacerse independiente.

El *anima* y el *animus* funcionan, pues, como puentes que nos llevan a imágenes del inconsciente colectivo. Son dos arquetipos fundamentales que representan dos funciones diferentes del alma: el aspecto *logos* (mente, voluntad, compromiso, autoridad, combatividad, potencia, verbo), típicamente masculino, y el aspecto *eros* (emoción, sentimiento, ternura, sensibilidad, intuición), típicamente femenino, que tienen repercusiones en la vida emocional de cada uno de nosotros. «El alma, en el transcurso del proceso de individuación, se une al proceso del yo y, consiguientemente, posee en el hombre un indicio femenino y en la mujer un indicio masculino. El *anima* del hombre busca unir y reunir, el *animus* de la mujer busca diferenciar y reconocer. Hay ahí posiciones estrictamente contrarias [...] que constituyen en el plano de la realidad consciente una situación conflictiva, incluso cuando la relación consciente de esos dos *partenaires* es armoniosa»,[11] escribe Jung. Si bien el *anima* y el *animus* representan un punto de unión que permite la relación entre el hombre y la mujer, pueden ser también un obstáculo en la comprensión de uno y otra. Al suscitar la «animosidad», están, por otro lado, en el origen de la mayoría de las dificultades

---

10. *Problèmes de l'âme moderne, op. cit.*, pág. 238.
11. *La psicología de la transferencia, op. cit.*

conyugales. No olvidemos que un hombre y una mujer que se encuentran lo hacen mediante la proyección. Así pues, no son dos sino cuatro: lo masculino y la proyección de lo femenino que lleva el hombre dentro de sí, lo femenino y la proyección que lleva dentro de sí la mujer de lo masculino.

Mientras el *anima* o el *animus* permanezcan inconscientes, se proyectarán sobre personajes exteriores a uno mismo para adquirir todas sus cualidades. Así, el *animus* presente en la mujer se proyecta sobre toda clase de héroes (el príncipe azul, don Juan, James Bond, Zorro, Aragorn de *El Señor de los anillos*, Tarzán, Indiana Jones, etc.), sobre personalidades notorias, como artistas (cantantes, actores), intelectuales o deportistas (futbolistas, etc.), que son blancos del deseo femenino, o también sobre grandes hombres tales como Gandhi, el Dalai Lama, etc. Mientras que el *anima* del hombre, por su parte, se proyecta sobre la mujer fatal de la que se enamora perdidamente al primer golpe de vista, como Marilyn Monroe, sobre la bruja o la médium dotada de facultades paranormales, la militante de los derechos humanos (Malala Yousafzai), la princesa (Carolina de Mónaco), la santa compasiva como la Madre Teresa, o figuras inaccesibles como la Virgen María. Mediante estas proyecciones, el hombre y la mujer descubren e integran facultades del sexo opuesto.

Antes de proyectarla hacia un personaje totalmente exterior, el niño pequeño proyecta inicialmente la imagen de su alma sobre su madre o su padre. «El factor que crea la proyección es el *anima* [...]. No es una invención del consciente, sino una producción espontánea del inconsciente; tampoco es una figura que sustituya a la madre, pero todo ocurre como si las propiedades numinosas que hacen tan influyente y peligrosa la *imago* de la madre provinieran del arquetipo colectivo del *anima* [...]. Al igual que para el hijo varón el primer portador del factor de proyección parece ser la madre, este papel, en el caso de la hija, lo desempeña el padre,[12] subraya Jung, quien aporta una idea extremadamente innovadora para el psicoanálisis: lo que se proyecta sobre el otro de sexo opuesto no es lo que hemos vivido con nuestra madre o nuestro padre, sino el *anima* y el *animus* que, en un primer momento, se

---

12. *Aion, op. cit.*

proyectan sobre nuestras primeras relaciones con nuestros padres y después, en un segundo momento, sobre nuestra compañera o nuestro compañero. El arquetipo del padre y el de la madre, a través de la naturaleza del *logos* y del *eros*, actúan con toda evidencia como potencias inconscientes. Pero, en lugar de ser objeto de regresión, la fascinación por el padre o la madre se convierte en una dinámica positiva del alma. Así es como puede realizarse la unificación del ser mediante la resolución de las imágenes parentales, aunque esta yuxtaposición no sea ni sistemática ni única.

Antes de desvelar sus aspectos positivos y negativos, es importante precisar que el *anima* y el *animus* son fenómenos polimorfos, en el sentido de que pueden revestir diversas formas según el estado de conciencia de la persona que los produce. Por ello, como están muy disimulados en el inconsciente, desgraciadamente las más de las veces se expresan a través de sus insuficiencias y no de sus cualidades. El *anima* es la personificación de todas las tendencias psicológicas femeninas de la psique del hombre; por ejemplo, los sentimientos que ejercen algún tipo de influencia sobre el entendimiento, lo cual conlleva a veces una distorsión. Manifiesta su presencia en forma de cambios bruscos de humor, impresiones vagas e ilógicas, observaciones aceradas, fantasmas eróticos, impulsos destructores. Pero también aporta gran número de aspectos positivos que tienen que ver con la comunicación, con la relación o con el vínculo, como la capacidad de amor personal, el sentimiento de la naturaleza y los contactos con el inconsciente, que permiten las intuiciones proféticas, la sensibilidad para lo irracional, etc. Finalmente, «el *anima* desempeña un papel más vital aún en el hecho de permitir al espíritu ponerse al unísono con auténticos valores interiores, dándole por esa vía acceso mucho más hondo al ser profundo»,[13] precisa también Marie-Louise von Franz, insistiendo sobre su papel de guía y de mediador entre el yo y el Sí-mismo.

El *animus*, por su parte, suscita en la mujer, en sus manifestaciones negativas, opiniones espontáneas, no premeditadas, irracionales, tajantes, convicciones o lugares comunes, que crean no pocos malentendidos e irritación en los allegados, porque todas esas convicciones in-

---

13. Marie-Louise von Franz, in *C. G. Jung, El hombre y sus símbolos, op. cit.*

discutibles rara vez convienen a la situación o a la persona de la que se trate. Marie-Louise von Franz identifica el *animus* como una forma de brutalidad y de dureza: «Nos topamos súbitamente en la mujer con algo obstinado, frío, totalmente inaccesible».[14] Lo cual cercena a la mujer de la realidad y la desvía de las relaciones humanas. El *animus* puede igualmente empujarla a rumias obstinadas y actitudes destructoras, hechas de cálculo y de mala voluntad, que incluso pueden llevarla a desear que no se case su hijo o que se muera su marido. Felizmente, en sus aspectos positivos aporta a la mujer el espíritu de iniciativa, la valentía, la honradez, la objetividad y la prudencia. «El *animus*, en su forma más evolucionada, religa a veces a la mujer con la evolución espiritual de su época y la hace aún más receptiva que el hombre a las ideas creadoras»,[15] añade Marie-Louise von Franz. Así, gracias a su potencia creadora, el *animus* puede igualmente tender un puente hacia el Sí-mismo.

Estos arquetipos de *anima* y de *animus*, a través de las imágenes, los símbolos y los mitos, se revelan particularmente en las visiones suscitadas por la imaginación activa o los sueños, cuyo examen recomienda Jung. En ausencia de éstos, es igualmente posible pasar directamente por un diálogo interior. La idea no es interpretar o analizar esas imágenes o fantasmas, sino realizar su experiencia viva. Respecto a esto, precisa Jung: «Hay que tratar de manera absolutamente literal las visiones que nos vienen en el momento en que estamos dentro de ellas, pero de manera simbólica cuando las interpretamos».[16]

Cuando pasan de un estadio de arcaísmo indiferenciado a un realce de las potencialidades del hombre y de la mujer, el *anima* y el *animus* trastocan la organización de la conciencia y permiten ir hacia ese centro del alma que es el Sí-mismo. En realidad, «designan lo que le falta al yo para vivirse como parte consciente de una totalidad englobadora, que es el Sí-mismo»,[17] explica Ysé Tardan-Masquelier. El maridaje de los opuestos complementarios suscitado por el *anima* y el *animus* pre-

14. Íbid.
15. Íbid.
16. *El libro rojo de Jung*, Editorial El Hilo de Ariadna, Buenos Aires, 2014.
17. Ysé Tardan-Masquelier, *Jung et la question du sacré, op. cit.*, pág. 66.

figura la finalidad natural del proceso de individuación: la realización de la completitud. «El hombre y la mujer se vuelven diablos uno para el otro si no mantienen la distinción de su respectiva espiritualidad, porque la naturaleza propia de la criatura humana es la diferenciación»,[18] escribe Jung en *Los siete sermones a los muertos*, insistiendo en la necesidad de la diferenciación para llegar a la comunión.

Armonizar los contrarios

A partir del momento en que el tratamiento analítico hace consciente la sombra, se crea en la psique una tensión entre dos contrarios que aspira a equilibrarse yendo hacia una unidad. Esta operación se realizará mediante la intermediación de los símbolos, que Jung define así: «El símbolo es la vía media en la que se unen los opuestos con vistas a un movimiento nuevo, como un arroyo que, tras una larga sequía, esparce la fecundidad».[19] Para apuntalar su demostración del proceso de individuación, Jung analiza esta cuestión de los opuestos (masculino y femenino, luz y tinieblas, alegría y tristeza, primero y último, juventud y vejez, calor y frío, etc.) en el taoísmo, en el hinduismo, en los gnósticos y los místicos, como el Maestro Eckhart, o también en la alquimia, que, como hemos visto, recurre a la vía de los símbolos. El problema de los contrarios suscitados por la sombra conduce, en efecto, a la fase última de la obra de los alquimistas, denominada el «matrimonio químico», en la que los opuestos se funden en una unidad que ya no contiene contrarios y se vuelve incorruptible.

Para Jung, nada aumenta más la toma de conciencia que la confrontación de los opuestos. E, incluso si el hombre no puede sostener certeza alguna de que uno de los dos triunfará sobre el otro, su tendencia natural es acrecentar lo que le parece bueno y eliminar lo que le parece malo. En todos los casos, un elemento interno se opone a un elemento externo que, extrayéndose del mundo exterior, alcanza el mundo interior para enriquecerlo: «El yo, que precedentemente era

---

18. *Jung gnóstico y Los siete sermones a los muertos*, op. cit.
19. Citado en Carole Sédillot, *ABC de la psychologie jungienne*, op. cit., pág. 191.

unívoco, por así decir, pierde la prerrogativa de ser simplemente el acusador y adquiere a cambio el inconveniente de deber ser igualmente el acusado. [...] *Se hace consciente de una polaridad de opuestos que le está «sobreordinada»*[20] El yo se construye en esta tensión de los opuestos y tiende a equilibrarse energéticamente, sin que tengamos conciencia de ello. Esta tensión presenta gran interés, puesto que es generadora de una formidable energía psíquica que permite pasar a la acción.

Para que los opuestos puedan reunirse, aún tienen que ser reconocidos como tales, lo cual no es el caso en el inconsciente. Así pues, deben ser encaminados en un primer momento hacia la conciencia para ser identificados, catalogados y separados, etapa indispensable para ser reunidos en un segundo momento. Como explica Jung, «los opuestos aún no han sido separados, de modo que no hay conciencia. Esto es lo que he llamado pleroma [...]; lo que designa una condición potencial, en la que no ha advenido nada y, no obstante, todo está ahí. En el inconsciente es así. Las funciones aún no han sido diferenciadas, blanco es negro y negro es blanco [...] Esta condición original de pleroma, de paraíso, es realmente la madre a partir de la cual emerge la conciencia».[21] La esencia de la conciencia es la diferenciación: debe separar los contrarios para sacarlos a la luz. Una operación que es cualquier cosa menos natural, según Jung: «En la naturaleza, los contrarios se buscan –"los extremos se tocan"–, y otro tanto ocurre en el inconsciente, en particular en el arquetipo de la unidad, el Sí-mismo».[22] Porque el alma también posee su polaridad interior, indispensable para su vitalidad.

Jung hace aparecer esta estructura bipolar en todos sus conceptos, seguramente porque él tomó conciencia muy temprano de que tenía doble personalidad, la número 1 y la número 2, que escenificaban opuestos dentro de él. En este enfrentamiento dual, un lado positivo se topa con un lado negativo, lo cual crea una tensión psíquica que conduce a la confrontación del consciente y del inconsciente, de lo masculino y de lo femenino, de la extraversión y de la introversión.

---

20. *Recuerdos, sueños, pensamientos, op. cit.*
21. Citado en Carole Sédillot, *ABC de la psychologie jungienne, op. cit.*, pág. 194.
22. *Psicología y alquimia, op. cit.*

Jung aconseja no identificarse con los opuestos entre los cuales está atrapado el yo, sino más bien aplicar el «principio de enantiodromía», o sea el vuelco de uno a su contrario. Por ejemplo, el introvertido debe ponerse a expresar sentimientos y el extravertido pensamientos. Así y solamente así será como el individuo podrá crecer psíquicamente y realizar su proceso de individuación: «La unión de los opuestos es a la vez la fuerza que provoca el proceso de individuación y su meta».[23]

A imagen de la sociedad entera, la psicología reposa sobre el equilibrio de los contrarios: en una sociedad sana y normal, es habitual que las personas estén en desacuerdo, porque, en cuanto salimos del ámbito de los instintos, es relativamente raro que se establezca un acuerdo general. Si bien el desacuerdo es un vehículo de la vida mental en una sociedad, no podríamos, no obstante, considerarlo como un fin en sí. El acuerdo es igual de importante. Y dado que la psicología, fundamentalmente, reposa sobre el equilibrio de los contrarios, no puede considerarse como definitivo ningún juicio si no se ha tomado en consideración su contrario. La razón de esta particularidad reside en el hecho de que no hay ningún punto de vista que se sitúe por encima o fuera de la psicología desde el que pudiéramos formar un juicio definitivo sobre la naturaleza de la psique».[24] Entendida así, toda revelación psíquica, intelectual o material se construye en la oposición de contrarios para alcanzar una forma final que se acerque lo más posible a la completitud. Así es como podemos constatar que la conjunción de los contrarios es generadora de novedad, es decir, que es creadora.

La polaridad de los opuestos es inherente a todo lo que vive: nacimiento y muerte; día y noche; felicidad y sufrimiento; bien y mal; izquierda y derecha; bajo y alto; calor y frío; seco y húmero; macho y hembra, etc. Nuestra psique está calcada de la imagen de la estructura del mundo a la que está subordinado el hombre: «Solamente aquí, en la vida terrenal en la que se topan los contrarios, es donde se puede elevar el nivel general de conciencia. Ésa parece ser la tarea metafísica del hombre»,[25] anuncia Jung. Ese saber del inconsciente penetra el

23. Citado en Carole Sédillot, *ABC de la psychologie jungienne, op. cit.*, pág. 193.
24. *El hombre y sus símbolos, op. cit.*
25. *Recuerdos, sueños, pensamientos, op. cit.*

ámbito de nuestra comprensión para alcanzar un nivel más alto de conciencia. Si bien los conflictos de contrarios nunca se resuelven del todo, sí pueden pasar algún día al segundo plano. Por otro lado, la solución que nace de la cooperación entre inconsciente y consciente, gracias a los símbolos unificadores, es sentida por el sujeto como un momento de gracia. La aceptación sucede al combate. Ahora bien, sólo el amor puede permitir esta reconciliación. Es en el amor donde los contrarios entran en connivencia y en complementariedad, aunque el hombre, en tanto que parte, nunca podrá comprender verdaderamente el Todo. Sobre el amor, escribe Jung: «Nos va en esto lo que hay de más grande y de más pequeño, lo que hay de más alejado y de más próximo, lo que hay de más elevado y de más bajo, y nunca puede pronunciarse uno de estos términos sin aquel que es su opuesto».[26] El amor, para él, es el gran misterio que lo expresa todo, lo soporta todo, lo disculpa todo, lo comprende todo, lo incluye todo. Remite a la divinidad: «Dios es amor».[27]

Y es así, en esta auténtica convergencia consigo mismo y con todo el universo, donde el individuo alcanza la completitud a la que aspiraba. Ha realizado su Sí-mismo, es plenamente él mismo estando al mismo tiempo plenamente conectado a los demás y a todo lo que es. Está individuado y, por consiguiente, puede ocupar su sitio y ejecutar su partitura de la manera más armoniosa posible en la gran sinfonía de la vida.

---

26. Íbid.
27. Primera epístola de Juan, 4, 8 y 16.

CONCLUSIÓN

Una de las palabras que mejor califican a Jung y su obra es la palabra «visionario». El médico suizo no solamente era invadido con frecuencia por imágenes provenientes de lo más recóndito de su psique, sino que también dirigió hacia la condición del hombre moderno y hacia la evolución de nuestro mundo una mirada que, con la distancia, se revela de gran acierto y de gran pertinencia.

La necesidad de sentido

Decenios antes de que esta idea se impusiera como una verdad profunda, Jung recordó que el ser humano no podía vivir sin darle un sentido a su existencia y que la angustia del hombre contemporáneo iba ligada a la ausencia de sentido. El derrumbe de las religiones y de las ideologías políticas en las que el hombre occidental había empeñado su necesidad de sentido ha dejado un gran vacío que el consumismo no puede colmar. Para desarrollarnos en profundidad, necesitamos dar una dirección y un significado a nuestra existencia. Jung está convencido de que la mayoría de los sufrimientos psíquicos van ligados a la ausencia de sentido: «La psiconeurosis es, en su sentido más profundo, un sufrimiento del alma que no ha encontrado su sentido».[1] Los estudios contemporáneos de la neurociencia validan tal diagnóstico. Sébastien Bohler, doctor en neurobiología, muestra en *Où est le sens?*[2] (2020) que el córtex cingulado, sepultado dentro de nuestro cerebro,

---

1. *La Guérison psychologique,* Librairie de l'université Georg, 1953, pág. 282.
2. *¿Dónde está el sentido? (N. de la T.)*

nos impulsa a buscar sin cesar un sentido a nuestra existencia: «Hallar sentido en torno a nosotros es tan crucial para nuestra supervivencia que las situaciones en las que ese sentido se nos escapa provocan la aparición de una angustia fisiológica aguda», afirma. Lo que explica, entre otras cosas, por qué la religión tiene un efecto terapéutico: al organizar el mundo y el universo según un designio y ofrecer a los individuos rituales repetitivos, actúa sobre el córtex cingulado al modo de un calmante, lo cual disminuye el nivel de angustia. El neuropsiquiatra Boris Cyrulnik, en *Psicoterapia de Dios: la fe como resiliencia* (2017), confirma este hecho: «Cuando se modifica el funcionamiento del cerebro mediante una representación divina, los circuitos emocionales funcionan de manera diferente y llevan aparejados cambios neurobiológicos. [...] Una resonancia magnética funcional muestra visiblemente que el área cingular anterior, que produce señales de angustia en caso de dolor físico o de conflictos de relación, atenúa su funcionamiento de alerta cuando el herido se pone en relación con Dios por medio de los rituales de su religión».

Casi un siglo antes de estos descubrimientos científicos sobre el cerebro, Jung había sacado a la luz la función religiosa de la psique y subrayado ya muy bien que los creyentes, pero también todos los individuos que llevaban una vida simbólica, eran más felices y tenían menos propensión a los sufrimientos psicológicos. Ya sea mediante una creencia religiosa estructuradora o mediante el proceso de individuación, el ser humano responde a su necesidad fundamental de tener una representación del mundo y de su existencia que satisfaga a la totalidad de su ser (consciente e inconsciente), lo que Jung llama la «expresión mítica». Pero precisa que «tenemos satisfecha la necesidad de la expresión mítica cuando poseemos una representación que explica suficientemente el sentido de la existencia humana en el cosmos, representación que proviene de la totalidad del alma; dicho en otras palabras, de la cooperación del consciente y del inconsciente. El sinsentido impide la plenitud de la vida [...]. El sentido hace soportables muchas cosas, quizá todo».[3] También puso en evidencia, y es ésta una de sus principales aportaciones a la psicología moderna, que la psique huma-

---

3. *Recuerdos, sueños, pensamientos, op. cit.*

na tiene como finalidad la de autorrealizarse, que tiende hacia la completud. A partir de ese momento, el conocimiento de sí mismo y el trabajo interior ya no apuntan solamente a sanar de una neurosis, sino a realizarnos como seres humanos. Jung asentó así los cimientos teóricos del desarrollo personal y de la psicología positiva, que desde entonces no dejan de progresar en el mundo.

Psicología y física cuántica

Fue Jung también un visionario extraordinario en su teoría de las sincronicidades. Hemos visto todo a lo largo de este trabajo que su curiosidad y su apertura de mente, pero también sus propias experiencias interiores y las de su entorno, lo llevaron a interesarse por los fenómenos llamados «paranormales»: videncia, espiritismo, adivinación, premoniciones, telepatía, etc. Contrariamente a Freud y a sus discípulos, que consideraban ilusorios todos esos fenómenos inexplicados, Jung pensaba que una auténtica mente científica se debía a sí misma acogerlos sin *a-priori*. «La plenitud irracional de la vida me ha enseñado a no rechazar nunca nada, aunque vaya contra nuestras teorías [...] o no admita, por otro lado, ninguna explicación inmediata. Esto es evidentemente inquietante y no es seguro que la brújula indique la dirección adecuada; pero la seguridad, la certeza y la tranquilidad no conducen a descubrimiento alguno».[4] De manera empírica, analizó numerosos casos, se interesó él mismo por ciertas prácticas que estudió durante largos años (como la tirada del *I Ching* o los temas astrológicos) y se fue forjando progresivamente la íntima convicción de que la mayoría de estos fenómenos existían realmente, pero nuestro paradigma científico no permitía integrarlos en una comprensión más amplia y más profunda de lo real: «Las representaciones que tenemos del espacio y del tiempo, y también de la causalidad, son incompletas. Una imagen total del universo reclama, por así decir, una nueva dimensión; solamente entonces sería posible darle a la totalidad de los fenómenos una explicación homogénea. Por eso, todavía hoy, los racionalistas persis-

---

4. *El secreto de la flor de oro, op. cit.*

ten en pensar que las experiencias parapsicológicas no existen: serían fatales para la concepción que tienen ellos del universo».[5]

Las conversaciones que mantuvo Jung con Albert Einstein en Zúrich antes de la Primera Guerra Mundial ya le habían llevado a reflexionar sobre la relatividad del espacio y del tiempo. Pero es el encuentro con el físico cuántico Wolfgang Pauli el que será determinante, y los dos hombres trabajarán juntos de 1932 a 1958 en la elaboración de un nuevo paradigma, situado en la encrucijada de la psicología y de la física, que pueda dar cuenta de todos los fenómenos de sincronicidad. El descubrimiento más famoso de Pauli, en efecto, es el «principio de exclusión», pilar de la física cuántica por el que se le otorga el premio Nobel en 1945: dos electrones no pueden ocupar el mismo orbital atómico a menos de tener un *spin* (rotación) opuesto. ¿Qué presupone este descubrimiento? Que, en esta incesante danza de los contrarios, no hay un principio causal, sino una sincronicidad que une las partículas en una interconexión indisoluble. Incluso cuando están alejadas en el tiempo y en el espacio, dos partículas que han estado unidas en un momento dado mantienen *spins* opuestos y un estado de sintonía; dicho en otras palabras, permanecen en concordancia y continúan comunicándose entre ellas. Hay que saber que Pauli vivía también con mucha frecuencia fenómenos de «sincronicidad psicoquinética» entre su estado psíquico y acontecimientos externos. Sus sueños —más de un millar de ellos fueron catalogados por la asistente de Jung y analizados por éste— atesoraban un buen número de intuiciones que ayudaron a los dos hombres a avanzar en sus investigaciones comunes. Ambos presintieron que la materia, a cierto nivel, deja de operar en el reino de la causalidad y actúa de manera síncrona.

Y la mejor herramienta para ilustrar este vínculo entre psiquismo y materia es sin duda alguna el arquetipo. Éste, en un movimiento que parte de las profundidades del inconsciente para ir hacia el cuerpo, manifiesta su existencia a través, por una parte, de un acontecimiento interior y psíquico y, por otra, de un acontecimiento exterior y físico. Lo cual ya en sí representa una sincronicidad. Jung y Pauli recuerdan que el descubrimiento de la mayoría de los conceptos de la física (espacio,

---

5. *Recuerdos, sueños, pensamientos, op. cit.*

tiempo, materia, energía, campo, partícula) ha procedido de intuiciones que se han hecho significativas gracias a la activación de arquetipos. Por otro lado, mucho antes que ellos, el astrónomo alemán Johannes Kepler (1571-1630) abordaba la física a partir de imágenes arquetípicas, que para él poseían un valor a la vez religioso (o sea, psicológico) y científico (o sea, físico). «Las imágenes internas no son sino las manifestaciones psíquicas de los arquetipos, pero éstos deberían producir y condicionar todas las leyes que pertenecen al mundo de la naturaleza. Las leyes de la naturaleza serían, entonces, las manifestaciones físicas de los arquetipos»,[6] concluirá Jung.

El encuentro de Jung y Pauli fue en sí mismo un acontecimiento síncrono lleno de sentido. Ambos apuntaban hacia el mismo resultado: encontrar una ley física objetiva que describiera el campo morfogenético que rige el universo, tanto desde el punto de vista material como psíquico. Consideraron así el depósito del inconsciente colectivo como una matriz invisible a la que el inconsciente personal accedería ocasionalmente. Esta memoria común sería un campo de informaciones que no residiría en el cerebro. Este campo, al igual que el inconsciente, se extrae de la observación al tiempo que se escapa de ella. La física cuántica rompe con el modelo según el cual el observador no hace sino revelar el campo sin perturbarlo. Porque la observación interfiere indudablemente con el campo observado. Y, dado que el observador crea un fenómeno nuevo, en cierto modo es «actor» o «creador» del experimento. En todos los casos ejerce una influencia, en tanto que sistema psíquico, debida a las opciones que elige durante la preparación de ese experimento en el plano material. El solo hecho de percibir un sueño, según Jung, ya modifica el estado del inconsciente del observador-actor y crea un nuevo fenómeno.

Para Jung y Pauli, los acontecimientos síncronos son una prueba empírica de la existencia de una unidad indisoluble que subtiende el psiquismo y la materia. Un universo unitario al que Jung nombrará *unus mundus*, noción muy del gusto de los alquimistas. Las sincronicidades parecen revelar que el mundo interior sabe algo del mundo ex-

6. Citado en Massimo Teodorani, *Synchronicité. Le rapport entre physique et psyché de Pauli et Jung à Chopra*, Macro Éditions, 2010, pág. 34.

terior, y a la inversa. Tomando como base estas constataciones, formularon Jung y Pauli la hipótesis según la cual el psiquismo y la materia, lo interno y lo externo, el hombre y la naturaleza, estarían conectados en el seno de una unidad indiferenciada, en un perpetuo movimiento de cooperación. Ese *unus mundus* será la base de un modelo que el psicólogo y el físico intentarán elaborar, la psicofísica, que descansa en un principio cuaternario: el *continuum* espacio-temporal, el *continuum* psíquico, la causalidad y la sincronicidad −equilibrándose unos a otros los dos primeros y los dos últimos−. Porque no cabe negar que ciertos acontecimientos pueden asimismo estar conectados entre sí por un principio causal. Jung y Pauli descubren así que psicología analítica y microfísica evolucionan de manera paralela en torno a la noción de sentido. Mejor que procurar saber por qué ha ocurrido tal cosa, lo que hay que hacer es preguntarse para qué fin ha ocurrido. Los psicólogos, al igual que los físicos de la época moderna, buscan las relaciones significativas, y no únicamente las causas.

Jung y Pauli propusieron así una nueva visión del universo, en cuyo seno existiría una interconexión constante entre la materia y el espíritu. Aunque aún les faltaban elementos para demostrar ese nexo, su hipótesis es extremadamente fecunda y propone un auténtico cambio de paradigma, que otros estudiosos se verán impulsados a enriquecer y completar. Porque su teoría ofrece también pistas nuevas para numerosas disciplinas, como la medicina. Estando más atentos a los mensajes sincronísticos que nuestro cuerpo le envíe a nuestro psiquismo, podremos transformarnos interiormente y sanar de ciertas enfermedades. Desde hace unos treinta años, observamos por otra parte el desarrollo de teorías, como la de la descodificación biológica, que establecen la conexión entre el cuerpo y la mente. Sincronicidades aparte, Jung considera también la ley de la atracción, o la ley de las afinidades, cuyo alcance presiente. En *Sincronicidad y Paracélsica* cita al filósofo medieval Alberto Magno: «Cuanto más intensamente desea el alma, más hace actuantes las cosas, y el resultado es semejante a lo que ella deseó».[7] O también a Goethe: «Todos tenemos dentro de nosotros un poco de las fuerzas eléctricas y magnéticas, y ejercemos, como el

---

7. Alberto Magno, citado en *Synchronicité et Paracelsica*, Albin Michel, 1988, pág. 50.

imán mismo, un poder de atracción y de repulsión, según que entremos en contacto con lo semejante o con lo disímil».[8] Examinando la naturaleza y el universo es, en efecto, como el hombre se encuentra a sí mismo y accede a los más grandes misterios de la vida.

El reencantamiento del mundo

Evocando el mundo occidental moderno, Jung subraya el extraordinario progreso de la conciencia humana y todas las ventajas que de él se desprenden: diferenciación, conocimiento, moral universal de los derechos humanos, progresos científicos y técnicos, etc. Pero deplora también el precio que se paga por ese crecimiento tan intenso y rápido de la conciencia y denuncia una triple amputación del hombre moderno: ruptura con la naturaleza, con el pasado y con el corazón y la interioridad.

Separándose a cercén de la naturaleza, el hombre moderno se priva de su vínculo más vital con el mundo, el que viene estructurando su psique desde hace milenios. Antes de que el hombre emigrara a las grandes ciudades y se aposentara conscientemente como distinto de la naturaleza y como «dueño y señor» de ésta, por recoger la expresión de René Descartes, la naturaleza no era un simple entorno para el ser humano: era vivida, experimentada, interiorizada. Formaba parte de él al igual que él formaba parte de ella. «Las piedras, las plantas y los animales ya no le hablan al hombre, y el hombre ya no habla a los animales creyendo que éstos pueden entenderle. Su contacto con la naturaleza se ha roto, y con él ha desaparecido la energía afectiva profunda que engendraban sus relaciones simbólicas».[9] Desde que se ha diferenciado de ella mediante un esfuerzo consciente, su pertenencia a la naturaleza ya sólo subsiste en su inconsciente, que conserva los instintos, los arquetipos y la memoria de ese vínculo vital. Pero ya no comprendemos ese lenguaje, y esa disociación es para Jung fuente de numerosas neurosis

8. Johann W. von Goethe, citado en íbid., pág. 51.
9. *El hombre y sus símbolos, op. cit.*

del hombre moderno.[10] Necesitamos, pues, recuperar ese vínculo vital con la naturaleza, incluso aunque éste siga pasando más por el prisma de la conciencia que por el del inconsciente, a la inversa de lo que se producía en el caso de nuestros ancestros remotos. Para calificar esta ruptura entre el hombre y la naturaleza, el sociólogo Max Weber hablaba de «desencantamiento del mundo». Jung nos llama, así, a un «reencantamiento del mundo», logrado mediante la capacidad de conectarnos con las demás especies y de sentir en todas las dimensiones de nuestro ser (cuerpo, corazón, imaginario y pensamiento) nuestra pertenencia al cosmos.

Otro tanto ocurre con el corte radical que hemos hecho con el pasado: arrancados de nuestras raíces, estamos sin cesar proyectados hacia el futuro, acunados por esa ilusión de que lo mejor siempre está por venir.

Es precisamente la pérdida de relación con el pasado, la pérdida de raíces, lo que crea tanto «malestar en la civilización», y una prisa tal que vivimos más en el futuro, con sus quiméricas promesas de edad de oro, que en este presente aún no alcanzado por el trasfondo de evolución histórica. Nos precipitamos sin trabas a lo nuevo, empujados por un sentimiento creciente de malestar, de descontento, de agitación. Ya no vivimos de lo que poseemos, sino de promesas; ya no a la luz del día presente, sino metidos en la sombra de ese futuro en el que esperamos el auténtico amanecer. No queremos comprender que lo mejor siempre es compensado por lo más malo. La esperanza de una libertad más grande queda aniquilada con una esclavitud de Estado acrecido; por no hablar de los espantosos peligros a los que nos exponen los brillantes descubrimientos de la ciencia. Cuanto menos comprendemos lo que buscaron nuestros padres y nuestros abuelos, menos nos comprendemos a nosotros mismos y contribuimos con todas nuestras fuerzas a despojar al individuo de sus instintos y de sus raíces, tanto que éste, convertido en partícula dentro de la masa, ya no obedece más que al "espíritu de gravidez"».[11]

---

10. *Recuerdos, sueños, pensamientos, op. cit.*
11. Íbid.

La tercera amputación que sufre el hombre es sin duda aquella sobre la que Jung más insistió a través de toda su obra: el sacrificio de la interioridad en aras de la exterioridad; dicho en otras palabras, del corazón y del imaginario en aras de la razón. Los dos fenómenos van estrechamente ligados, porque el exceso de racionalidad va parejo con un exceso de exterioridad y *viceversa*. He referido cuán marcado había quedado Jung de su encuentro con el jefe de los indios pueblo, quien le explicó que, a diferencia de los blancos, su pueblo no pensaba con la cabeza sino con el corazón. Esa conversación halló un profundo eco en Jung, porque él estaba en plena reflexión sobre el vínculo entre consciente e inconsciente, entre mito y razón. «Pensar con el corazón» evoca para él esa capacidad de escuchar la voz de nuestra psique inconsciente con su lenguaje simbólico y mítico. Más tarde escribirá este pensamiento, que me parece resumir lo esencial de su obra: «Cuanto más predomina la razón crítica, más se empobrece la vida; pero cuanto más capacitados estamos nosotros para hacer consciente lo que es inconsciente y lo que es mito, más grande es la cantidad de vida que integramos. La sobreestimación de la razón tiene esto en común con un poder de Estado absoluto: bajo su dominación, el individuo se marchita».[12] La supremacía de la razón se ha ejercido principalmente en detrimento de lo imaginario. Pero Jung no dejó de subrayar la importancia de la función imaginativa para el ser humano. Es ella la que lo conecta con lo invisible, con el universo simbólico, con el mito, la que le permite mantener el vínculo esencial entre su psique consciente y su psique inconsciente. Es así como podemos comprender el éxito fenomenal de obras como las de Tolkien (*El Señor de los anillos*), de J. K. Rowling (*Harry Potter*) o de Alex Pina (*La casa de papel*): nos permiten expresar nuestra necesidad profunda de estar conectados con los mitos y los arquetipos a través del imaginario. Porque muchas veces es mediante su imaginación como el hombre de hoy puede vivir esta experiencia de «reencantamiento del mundo», y numerosos pensadores contemporáneos, como los filósofos Gilbert Durand o Jean-Jacques Wunenburger, se han inspirado de las tesis junguianas para rehabilitar el imaginario. Como dice Wunenburger, en la estela de Jung: «A la

---

12. Íbid.

imaginación ya no se la puede tratar solamente de "loca de la casa" que perturba gravemente o idealiza sin razón, sino que debe ser comprendida como un proceso psíquico que engendra imágenes fundamentales, relatos fundadores que ponen en orden la existencia, mundos invisibles que explican mejor el nuestro, etc. Arquetipos del inconsciente, narraciones míticas y creencias en entidades invisibles atraviesan nuestras percepciones, nuestra memoria, nuestra necesidad de anticipación, nuestras relaciones con los demás y nuestro trato con las instituciones, pero nos sirven también para crear obras de arte, para acondicionar nuestros espacios, para estructurar nuestros calendarios, para dirigir hombres o para instituir ritos o cultos».[13]

Esta capacidad para reunir mito y razón, consciente e inconsciente, que en gran parte hemos perdido en Occidente, es lo que compone el genio de Oriente, tal como Jung lo conoció hace un siglo. Aún en nuestros días, cuando no está ocupado dialogando con estudiosos occidentales sobre el nexo entre ciencia y filosofía budista, el Dalai Lama consulta su oráculo o a su astrólogo ¡y eso no le supone ningún problema! Como ya he mencionado, Jung subrayó que el hombre oriental tiene una dimensión más introvertida que el hombre occidental, el cual está más proyectado hacia la conquista exterior que hacia el conocimiento y el dominio de sí. Esto seguramente sería mucho menos cierto hoy, porque los valores extravertidos del Occidente se han difundido a escala planetaria, esparciendo por todas partes la enfermedad del mundo contemporáneo. Este empobrecimiento de la vida interior en provecho del éxito exterior está preñado de consecuencias. Lo primero, a pesar de los placeres que provienen del exterior, los individuos llevan una existencia reducida. Los profundos gozos del corazón y de la vida interior les son cada vez más inaccesibles. Después, este corte ha provocado una escisión en el individuo moderno entre una personalidad consciente y una personalidad inconsciente. La personalidad consciente se ha vuelto civilizada, organizada y racional, mientras que la personalidad inconsciente sigue siendo primitiva, salvaje e irracional. Ahora bien, si esta última no se integra en la conciencia mediante una vía simbólica, es decir, una práctica espiritual o un tra-

---

13. Jean-Jacques Wunenburger, *L'Imaginaire*, PUF, Que sais-je ?, 2020, pág. 43.

bajo psicológico profundo, puede expresarse en cualquier momento de manera violenta, bárbara, eruptiva, tanto en el plano individual como colectivo. En este sentido es en el que Jung analiza el ascenso de los peligros en el siglo XX (nacionalismos, nazismo, comunismo) y los actos de barbarie que cometieron los humanos. Constata, con gran acierto, que la cultura, la razón y la civilización no han podido represar esos fenómenos de locura colectiva. Podemos observar también en nuestros días, en menor medida, hasta qué punto despierta miedos e iras profundas la crisis de la Covid-19 en numerosos individuos, que pueden expresarse con asombrosa violencia en la polémica sobre la vacunación. En Francia, los pro- y los anti-pasaporte sanitario no logran debatir de manera serena y racional, intentando escuchar y quizá comprender el punto de vista opuesto. Por un lado están los que piensan que unos impiden que reflote la economía y que se pueda jugar la carta de la inmunidad colectiva, mientras que, por el otro, están los que apuntan a una pérdida de libertad fundamental, cuestionan la pertinencia de la idea de inmunidad colectiva con un virus mutante y subrayan una falta de vigilancia entre los vacunados, que finalmente favorece una circulación del virus, como se ve en Israel. ¿Quién se equivoca, quién tiene razón? En lugar de mirar el problema en toda su complejidad y ver que hay argumentos pertinentes en todos los razonamientos, cada uno filtra las informaciones en función de su propia convicción y expresa un juicio despectivo hacia los otros, percibidos como adversarios. Son afectos muy arcaicos que vuelven a aflorar (miedo a sufrir secuelas graves, miedo a morir, miedo a perder la libertad).

La explicación, para Jung, de todos estos brotes irracionales, tanto en el plano individual como en el colectivo, se encuentra en última instancia en esa amputación del alma del hombre moderno y en esa disociación de su psique. El redescubrimiento de su alma, la práctica de una vida simbólica y el inicio consciente del proceso de individuación constituyen las únicas respuestas adaptadas al mal que corroe al ser humano y el mundo de hoy. En otras palabras, la solución es antes que nada interior e individual. Jung recuerda a este respecto que las grandes transformaciones acaecidas en la historia de la humanidad siempre han procedido de la evolución de unas cuantas conciencias individuales que han agrupado a todas las demás (basta con pensar en el nacimiento de las grandes religiones). Si se quiere cambiar el mundo, el hacerlo tendrá que pasar por una transformación y una elevación de la conciencia de cada individuo, y es a eso a lo que Jung dedicó toda su existencia. Pero es muy evidente que eso exige una gran motivación y un esfuerzo real (¡bien recompensado!) en aquellos que deseen emprender ese camino. Spinoza terminaba su *Ética* con estas palabras: «Ahora, si bien la vía que he mostrado conducente a ello se antoja muy ardua, no obstante se la puede descubrir. Y, en fin, ¡vamos! No puede ser sino ardua una cosa que se encuentra tan pocas veces. Porque ¿cómo podría ser, si la salvación estuviera a la mano y se pudiera obtener sin gran fatiga, que casi todo el mundo la descuidara? Pero las cosas de más inestimable valor, todas ellas son difíciles, tanto como poco frecuentes».[14] Jung, una vez más, le hace eco: «Todo bien es costoso, y el desarrollo de la personalidad figura entre el número de las cosas más onerosas. Se trata de asentirse a uno mismo, de tomarse a sí mismo como la más seria de las tareas, de mantenerse uno siempre consciente de lo que hace y de tener constantemente ante los ojos nuestros aspectos más equívocos –ésta es verdaderamente una tarea que lo exige todo de nosotros–».[15]

Al término de este trabajo en el que he intentado mezclar las grandes ideas de Jung con su vida, me gustaría recordar el balance que saca él de su existencia. Hemos visto que ésta estaba tejida de sombra y de luz, de grandes descubrimientos y de errores de juicio en el plano político. «Cada uno de nosotros es un desarrollo que no podría juzgarse a sí mismo y que debe remitirse [...] al juicio de los demás»,[16] escribe Jung, y cada uno podrá formarse una opinión.

He aquí, no obstante, la mirada que arroja él sobre su propia vida en el crepúsculo de ésta: me alegro de que mi vida haya tomado este curso. Ha sido de gran riqueza y me ha aportado mucho. ¿Cómo habría podido yo esperar tanto de ella? [...] Lamento muchas

---

14. Baruch Spinoza, *Éthique*, V, Proposition 142, scolie, Flammarion, 2021, pág. 859.
15. *El secreto de la flor de oro, op. cit.*
16. *Recuerdos, sueños, pensamientos, op. cit.*

tonterías, nacidas de mi terquedad, pero si no la hubiera tenido no habría alcanzado mi meta. [...] Estoy asombrado de mí mismo, decepcionado y regocijado. Estoy entristecido, agobiado y entusiasta. Estoy todo eso y no consigo cuadrar la cuenta. No estoy en condiciones de constatar un valor o un no-valor definitivos; no tengo juicio alguno sobre mí o sobre mi vida. No estoy totalmente seguro de nada. [...] La edad avanzada es una limitación, un encogimiento. Y, no obstante, hay tantas cosas que me llenan: las plantas, los animales, las nubes, el día y la noche, y lo eterno en el hombre. Cuanto más inseguro me he vuelto respecto de mí mismo, más ha crecido en mí un sentimiento de parentesco con las cosas. Sí, es como si esa extrañeza que me había separado durante tanto tiempo del mundo hubiera ocupado ahora su lugar en mi mundo interior, revelándome una dimensión desconocida e inesperada de mí mismo».[17]

17. Íbid.

OBRAS DE JUNG CITADAS

Aiôn. Études sur la phénoménologie du Soi. Albin Michel, 1983, reed. 2021. (Trad. cast.: *Aion. Contribuciones al simbolismo del sí-mismo.* Eds. Trotta, Madrid, 2011).

Aspects du drame contemporain. Georg y Buchet-Chastel, 1971.

C. G. Jung parle. Rencontres et interviews, reunidos por William Mc-Guire y Richard Francis Hull. Buchet-Chastel, 1985. (Trad. cast.: Encuentros con Jung. Editorial Trotta, Madrid, 2000).

Commentaire sur le Mystère de la Fleur d'Or. Albin Michel, 1979, reed. 2021. (Trad. cast.: Jung, C.G., Wilhelm, R.: *El secreto de la flor de oro: un libro de vida chino.* Ediciones Paidós Ibérica, Barcelona, 1996).

Correspondance 1950-1954. Albin Michel, 1994.*

Dialectique du Moi et de l'inconscient. Gallimard, 1973. (Trad. cast.: *Las relaciones entre el yo y el inconsciente.* Ediciones Paidós Ibérica, Barcelona, 2009).

Essais sur la symbolique de l'esprit. Albin Michel, 1991. (Trad. cast.: *Simbología del espíritu. Estudios sobre fenomenología psíquica.* Fondo de Cultura Económica, Madrid, 1998).

L'Âme et le Soi. Renaissance et individuation. Albin Michel, 1990.

L'Énergétique psychique. Georg, 1993. (Trad. cast.: *Energía psíquica y esencia del sueño.* Ediciones Paidós Ibérica, Barcelona, 2007).

L'Homme à la découverte de son âme, editado por el Dr. Roland Cahen. Albin Michel, 1987. (trad. cast.: *El hombre moderno en busca de un alma.* Harcourt, Brace & World, Inc, Madrid, 1933).

L'Homme et ses symboles, editado por Marie-Louise von Franz, Joseph Lewis Anderson y Jolande Jacobi, Robert Laffont, 1964. (Trad. cast.: *El hombre y sus símbolos.* Caralt Editores, Barcelona, 1996, reed. 2002).

La Guérison psychologique, traducido y editado por el Dr. Roland Cahen, Librería de la Universidad Georg, 1953.

La Vie symbolique. Psychologie et vie religieuse. Albin Michel, 1989.

Le Divin dans l'homme. Lettres sur les religions choisies et présentées par Michel Cazenave. Albin Michel, 1999.

Le Livre rouge, editado por Sonu Shamdasani, Bertrand Éveno (dir.). L'Iconoclaste/La Compagnie du Livre rouge, 2011. (Trad. cast.: *El libro rojo de Jung.* Editorial El Hilo de Ariadna, Buenos Aires, 2014).

Les Racines de la conscience. Buchet-Chastel, 1971. (Trad. cast.: *Los orígenes e historia de la conciencia* [prólogo al libro de Erich Neumann, 1960]. Editorial Traducciones Junguianas [blog], 2017).

Les Sept Sermons aux morts, en *Carl G. Jung,* dirigido por Michel Cazenave. L'Herne, 1984. (Trad. cast.: *Jung gnóstico y Los siete sermones a los muertos.* Editorial Sirio, Málaga, 2005).

«Ma vi». Souvenirs, rêves et pensées recueillis et publiés par Aniéla Jaffré. Gallimard, Folio, 1991. (trad. cast.: *Recuerdos, sueños, pensamientos.* Editorial Seix Barral, Barcelona, 1966, reed. 1996).

Métamorphoses et symboles de la libido. Montaigne/Fernand Aubier, 1931. (trad. cast.: *Transformaciones y símbolos de la libido.* Ediciones Paidós, Buenos Aires, 1953).

Problèmes de l'âme moderne. Buchet-Chastel, 1961.

Psychologie du transfert. Albin Michel, 1980. (Trad. cast.: *La psicología de la transferencia: esclarecida por medio de una serie de imágenes de la alquimia; para médicos y psicólogos prácticos.* Ediciones Paidós Ibérica, Barcelona, 2011).

Psychologie du yoga de la Kundalinî. Albin Michel, 2005, reed. 2021. (Trad. cast.: *La psicología del yoga Kundalini.* Editorial Trotta, Madrid, 2015).

Psychologie et alchimie. Buchet-Chastel, 1970. (Trad. cast.: *Psicología y alquimia.* Editorial Plaza y Janés, Barcelona, 1977-1989).

Psychologie et éducation. Buchet-Chastel, 1963. (Trad. cast.: *Psicología y educación.* Ediciones Paidós Ibérica, Barcelona, 2006).

Psychologie et orientalisme. Albin Michel, 1985. (Trad. cast.: *Psicología de la religión oriental.* Editorial Trotta, Madrid, 2020).

Psychologie et religion. La Fontaine de Pierre, 2019. (Trad. cast.: *Psicología y religión*. Ediciones Paidós Ibérica, Barcelona, 2005, reed. 2011).

Réponse à Job. Buchet-Chastel, 1971. (Trad. cast.: *Respuesta a Job*. Editorial Trotta, Madrid, 2014).

Synchronicité et Paracelsica. Albin Michel, 1988.*

Types psychologiques. Georg, 1993. (Trad. cast.: *Tipos psicológicos 6*. Editorial Trotta, Madrid, 2013).

Un mythe moderne. Des «signes du ciel», traducido y editado por el Dr. Roland Cahen. Gallimard, 1963. (Trad. cast.: *Un mito moderno: de cosas que se ven en el cielo*. Editorial Pablo Vergel Fernández, 2018).

*Notas bibliográficas:

Existe en castellano una edición de la Correspondencia de Jung con Freud: *Correspondencia* (Freud, Sigmund [1856-1939]; Jung, C.G. [1875-1961]. Editorial Trotta, Madrid, 2012). No hemos encontrado referencias de edición de la correspondencia mantenida por Jung con otros colegas.

El libro *Synchronicité et Paracelsica* no aparece como tal en los repertorios bibliográficos consultados en castellano. Hemos encontrado una edición por separado: *Sincronicidad* (Editorial Sirio, Málaga, 1992); *Paracélsica* (Editorial Kariós, Barcelona, 1989).

No hemos encontrado referencia de edición suelta de algunos de los títulos mencionados, pero sí la referencia de una edición de obras completas de Jung en 19 volúmenes, con el título genérico de *La vida simbólica*. Editorial Trotta, Madrid (varias fechas).

Asimismo, se encuentra en Internet acceso al blog «Traducciones Junguianas»: http://traduccionesjunguianas.blogspot.com/

AGRADECIMIENTOS

Muchísimas gracias a Julie Klotz por su inestimable ayuda todo a lo largo de la realización de este libro, y particularmente por nuestros estimulantes intercambios de opiniones sobre el proceso de individuación.

Muchas gracias a Francis Esménard, por su confianza y su amistad, y a mi editora, Hélène Monsacré, por su atenta relectura del manuscrito y sus pertinentes observaciones.

Gracias igualmente a Carole Sédillot, experta conocedora del pensamiento junguiano, por haberme regalado el *Libro rojo* y por sus ánimos; al padre Gérard Berrier por nuestras enriquecedoras conversaciones sobre Jung y el pensamiento chino; a Anne-Lise Combaud por sus hermosas ilustraciones; a Andreas Jung, finalmente, por aquel hermoso momento compartido en la casa de Küsnacht de su abuelo.

Damos las gracias a las Ediciones Buchet-Chastel, Gallimard, Flammarion, Georg, Grancher, La Fontaine de Pierre, L'Iconoclaste y Robert Laffont que nos han autorizado a reproducir las citas extraídas de las obras siguientes:

C. G. Jung, *Problèmes de l'âme moderne* © Buchet-Chastel, 1961.
C. G. Jung, *Psychologie et éducation* © Buchet-Chastel, 1963.
C. G. Jung, *Psychologie et alchimie* © Buchet-Chastel, 1970.
C. G. Jung, *Les racines de la conscience* © Buchet-Chastel, 1971.
C. G. Jung, *Réponse à Job* © Buchet-Chastel, 1971.

Marie-Louise von Franz, *C. G. Jung, son mythe en notre temps* © Buchet-Chastel, 1975. (Trad. cast.: *C. G. Jung, su mito en nuestro tiempo.* Fondo de Cultura Económica, México D.F., 1982).

C. G. Jung, *C. G. Jung parle. Rencontres et interviews* © Buchet-Chastel, 1985.

C. G. Jung, *Un mythe moderne* © Éditions Gallimard, 1963.

C. G. Jung, *Dialectique du Moi et de l'inconscient* © Éditions Gallimard, 1973.

C. G. Jung, *«Ma vie». Souvenirs, rêves et pensées* © Éditions Gallimard, 1991.

Deirdre Bair, *Jung, une biographie* © Flammarion, 2007.

C. G. Jung, *La Guérison psychologique* © Georg, 1953.

C. G. Jung, *L'Énergétique psychique* © Georg, 1993.

C. G. Jung, *Types psychologiques* © Georg, 1993.

Carole Sédillot, *ABC de la psychologie jungienne* © Grancher, 2003.

C. G. Jung, *Psychologie et religion* © La Fontaine de Pierre, 2019.

C. G. Jung, *Le Livre rouge* © L'Iconoclaste/La Compagnie du Livre rouge, 2011.

C. G. Jung, *L'Homme et ses symboles* © Robert Laffont, 1964.

Damos las gracias a La Nouvelle Agence por los títulos de Jung publicados en la editorial Albin Michel; a la Sra. Ysé Tardan-Masquelier por su obra *Jung et la question du sacré*, ediciones Albin Michel, 1998; [no hay traducción]; a Inner City Books por el libro de John P. Dourley, *The Illness That We Are* © Inner City Books, 1984.

Índice

Segunda parte
LA EXPERIENCIA INTERIOR

I. Lo sagrado